写真：橘 蓮二

神田松之丞　講談入門　目次

●一席物

＊「連続物」は文字通り、一話完結ではなく複数話にわたって物語が連続していくもの。「一席物」は多くの講談師が好んで読む一席で、一話で完結している物を指す。本来は長い連続物の一部分だったとしても、単独で抜き読みされるものは、この本の中では「一席物」と呼ぶことにする。

一・二章監修　神田松鯉

神田松之丞

講談入門

神田松之丞

河出書房新社

まえがき

「講談って何？　どこから入ればいいの？　もっと深く知りたい。入門編の本が欲しい」
私は落語に最初にハマったとき、ありとあらゆる落語入門の本があって、どの本を買えばいいのか迷いました。一方、講談はいくら探しても、そういう入門本がない……。「えっ、ないの」と、ひたすら困ったことを覚えています。

演者としてこの問題に直面したときに、本書を企画することになりました。

当初、すべての講談のネタを網羅した本を作りたいと考えていましたが、それでは情報過多になり、咀嚼できないとわかりました。なにしろ、古典講談は四五〇〇以上もあると言われており、膨大な数です。お客様（読者の方）は研究者ではないのですから、まず第一に必要な情報があり、読みやすいもの。入れすぎてはいけません。

一つ一つのネタを掘り下げて、大事に咀嚼できるもの。そうすると、現在のお客様に必要なネタ帳の本は、個人のネタ帳であろうと考えるに至りました。そこで僭越ながら、神田松之丞という講談師にスポットをあてて、その視点からみていくことにしたのです。

当然、一冊の本で講談を網羅できるわけはありませんが、これは第一歩。とても大事な一歩を、世の中に出せたかなと自負しております。

現在、ありがたいことに、講談に興味を持っていただく方が増えてきたようです。

昭和四十三年には一龍斎貞鳳先生が書かれた『講談師ただいま24人』がベストセラーとな

り、講談界を憂う人は多くおりました。そこから少しずつ少しずつ、講談界も前進していったように思いますが、それでも厳しいものがあり。そして平成二年に講談の唯一の城である、本牧亭が閉場致しました。

　それから四半世紀以上経ちました。講談の未来はどうなるのか。神田派だけでいっても、大名跡の伯山も、伯龍も伯治も、ろ山もいない。山陽は、現在東京にいないという状況です。その他にも、多くの埋もれた名跡があります。

　しかし、不安はありません。これからの講談界には輝かしい未来が待っていると信じています。

　現在、大変魅力的なベテラン講談師がいるのも、大きな強みです。もちろん、その多くの先輩方にも寿命はあります。しかし亡くなられたとしても、色々な財産は残っていきます。それは読み物であり。あるいは、本書に掲載した一龍斎貞水先生のインタビューのような言葉であり。

　そしてそういう端境期にこそ、救世主のような魅力ある講談師が新しく生まれてきます。いつの日か、先程の名跡を堂々と継ぐような者たちが、溢れかえる講談界。

もっとも、今の講談界は種火がつきつつある状態です。この大事な火を絶やさずに、あらゆる人に届けたいと思います。

　この本を読んで講談ファンになった、あるいは演者として、講談師になるきっかけになった、そういう風に言ってくれる人が、将来一人でも多く生まれる事を願ってやみません。

1

松之丞に聞く、講談の基本

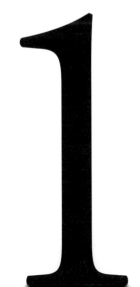

Q 落語と講談の違いは何ですか

A

落語は基本的にフィクションだが、講談はノンフィクションである、ただしノンフィクションでも脚色は自由ということだと考えています。一応史実とされている事象を、「過去にこういうことがありました」と読んでいく。

落語も本質的にはノンフィクションで、人間の普遍的な真理を描いていますが、八《は》っつぁん、熊さんなど出てくるのは基本的に架空の人物です。講談も落語も人間を描いているところは同じとはいえ、この最初の設定が違う。宝井琴調《たからいきんちょう》先生は、「講談はドキュメンタリーで落語はホームドラマ」という言い方をされていて、それが一番わかりやすいと思います。

立川談志師匠は落語と講談の違いについて、「忠臣蔵の赤穂《あこう》の浪士《ろうし》も最初は三百人ぐらいいたのに、『家族のために』とかいって二百五十人ぐらい逃げちゃった。そういう逃げちゃったやつを描いているのが落語で、最後まで殿様のためを思っている者を描いているのが講談の『赤穂義士伝《あこうぎしでん》』だ」というふうにおっしゃっていました。それは、どちらがいいとか悪いとかではなく、両方人間の姿なのですが、忠義の者を追っていくのか、逃げちゃったやつを追っていくのか、対象をとらえるカメラマンが違うのだと僕は考えています。

たとえば泥棒という題材ひとつとってみても、鼠小僧《ねずみこぞう》とか石川五右衛門《いしかわごえもん》とか、その時代に一番活躍した泥棒を描くのが講談で、落語は昨日今日泥棒になったやつを描く。落語は圓朝物などを除いてどうしても笑いをメインに持ってくる方が多いし、また笑いだけではなく、情景を俯瞰《ふかん》でとらえるので、「よく見ると人間って滑稽だね」という寂しさも感じさせる。つまり落語と講談では、登場人物と、それをとらえるカメラとの距離も違うんです。講談の方が対象に近いというか、落語ほど引かない。

もうひとつ付け足すと、結局、講談は歴史物なので、物語の結末が明らかになっていることが多い。たとえば戦国時代の合戦などで今から突撃していくときに、この人が死ぬことはほとんどのお客さんがわかっているわけです。つまり現在から過去を眺めている。妻はもう自害をして、自分もこれから戦へ行く支度を淡々としている。この人は死にに行くとわかるだけにより悲しい。

この、過去を振り返るという時間軸も落語との違いでしょうか。落語も江戸といった過去を舞台にしてはいますが、振り返っているのとは違いますよね。講談は、その振り返る視点に悲しみがあるというか、そういう〝神の視点〟を感じることもあります。

落語と講談の違いについては、ものの本には講談は台本のト書きで落語は会話であるとか書かれていますが、結構例外も多いんです。たとえば講談の『違袖《たがそで》の音吉《おときち》』（一六〇ページ参照）という読み物は会話が中心です。

もうひとつ違いとして言えるのは、その出来事がいつ起きたかを落語はぼやかしますよね。でも講談は、何年何月何日の出来事だったか、たとえば元禄十五年（一七〇二）十二月十四日とか、その日は雪が降っていて肌寒い日だったとかいうように、その日の温度まで言いかねないぐらいに緻密に描写していく。脚色自体は自由で、嘘でもいいのですが、描写は緻密にしていく。落語はむしろぼやかして「今日は暑いな」くらいですぐ噺に入るという具合です。そういう意味で、緻密に限定していく芸が講談で、どちらかというとぼやかしておきながらお客さんの想像力にゆだねるのが落語という、そういうテクニックの違いがあるという言い方もできると思います。

また、基本的に講談は七五調で物語を読んでいくというか、「何が何して何とやら、何が何まで何とやら」という調子が落語とまた違うなと。僕は意識的に、会話の部分では落語の調子も混ぜていますが、講談は七五調でゆったりとした間《ま》で喋《しゃべ》るというイメージではあります。

だから談志師匠が「落語は人間の業の肯定である」と明確におっしゃったように、講談とは何かとひとことでパシッと言った人はあまりいないんです。神田愛山《あいざん》先生は、「講談ってのはダンディズムだ」っていう言い方をされています。それは男の世界観でもあり反発が多いような言葉でもあるので、僕は言葉としてはあまり好きではないのですが、人としての美学を描き続けるというか、講談にはそういうおとなの絵本のようなところがあると少し思います。「人間とはこういうふうに生きるべきだ」といった、ちょっと教科書的な、それが非常に堅苦しいと言われていた時代もあったと思いますが、現在の、いろいろなパターンでものごとを見る世の中だと、逆に新鮮に映ることはあるかもしれないですね。ただし、『畔倉《あぜくら》重四郎《じゅうしろう》』（六三ページ参照）など、悪人の話も多いですし、台本ではお客さんが悪人に感情移入できるような持っていき方もしているので、必ずしも人間の教科書的な美学を描いているわけでもない。その点では、ダンディズム、道徳的に間違っていても肯定する感情というと一番わかりやすいかもしれません。

Q 高座にある机と、手に持つ扇について教えてください

A 机は「釈台《しゃくだい》」と言います。扇は「張扇《はりおうぎ》」です。話の切れ目などで、張扇で釈台を叩いて使います。大阪では小拍子《こびょうし》みたいなのを使う人もいて、むしろこだわってそれ

しか使わないという人もいますが、東京では張扇しか見たことがないですね。道具としてはさらに扇子と張扇という形がベーシックです。

江戸は天保期（一八三〇〜四三）の講談師である初代の錦城斎典山《きんじょうさいてんざん》という人が、高座で釈台を使用し、張扇と拍子木を両手に持って現れるスタイルを確立したとされています。

釈台は、寄席など準備されているところ以外は自分のものを使用します。僕が最初に釈台を作ったのは二ツ目になってからです。それまでは東急ハンズなどで売っている木の板を四枚つなぎ合わせて、現場で釘を打っていました。

実は釈台には、サイズなどの明確な決まりはないんです。見た目として、身体の大きさに合っていたほうがよいとは思いますが、そこにも特に決まりはありません。

釈台の素材も、一般的にはケヤキは音がいいなと思いますが、釈台の形によって音のはね返りも全然違いますし、また、張扇との相性もありますので、これも決まりはありません。

伝説の釈台というものがいくつかあり、ひとつは一龍斎貞水《いちりゅうさいていすい》先生が持っている、かつて本《ほん》牧《もく》亭（江戸時代からあった講談の定席。二〇一一年閉場）にあった釈台です。素材はわからないのですが、ちょっとしか張扇で叩いていないのに、「バン！」って音のはね返りがすごかった。でも、自分に合った釈台がたぶん一番ベストだということです。そこはやっぱり道具なんですよ。

高座で始めの挨拶のときに、パンパンと叩きますね。僕の師匠の神田松鯉《しょうり》は、ポンポンという音にこだわっていますが。あのように叩くのは、自分の釈台ではなく、会場に用意されている釈台を使うときに、釈台の高さが毎回違うので、ちょっと高さをみているということもあります。音の出方とか力の加減とか、釈台によって全然違うんです。もちろん張扇で変わることもありますが、いいタイミングで「パシン」っていい音を出したいときに、「ボコッ」ってなると、ものすごく気がそがれてしまうので、それは気を遣ってますね。

張扇はそれぞれが自分で作ります。僕の場合は、うちの師匠が見本をくださって、姉弟子の鯉栄《りえい》が作り方を教えてくれました。張扇を作るには、僕は竹の板と、澱粉糊のような障子紙用の糊と、あとは西ノ内《にしのうち》和紙という特殊な和紙とボール紙を使います。まず、竹の下に張扇大に切ったボール紙を入れて、その上に西ノ内和紙をぐるぐる巻いていくのですが、叩く面には糊をつけません。うちの師匠はさらに、中にゴルフのウェイト調整用の鉛みたいなのを入れています。そうやっていい音を出すための工夫がそれぞれにあります。糊を乾かす時間が必要なので、完成までには一日ぐらいかかりますが、作ること自体は三十分もあれば十分作れます。

ただ、これは僕が習った作り方で、どれがスタンダードなものなのかは、昔の講釈師の張扇が残っていないからわからないんです。使った張扇は、毎年十二月二十八日に薬研堀《やげんぼり》不動尊で行われる「張扇供養」で焼いてしまうんです。一年使った張扇をそこで焼いて弔うんですよ。

サイズも色も基本は自由です。ただ僕は白しか見たことがありませんし、色が濃いと見た目に邪魔になると思いますが、音が出れば一応は自由です。形も細身のものを使っている人もいて、演者によっても微妙に形などが違うと思うんですが、僕は自分に合った張扇を作ればいいと思っています。昔の講釈師には、張扇作りの名人で、作った張扇を配って歩いていた人もいたらしいですよ。

張扇は一年もつことも、僕の場合は一回で終わるときもあります。だから作りだめしておいて、スペアを用意して出かけます。縁日で買ってきた金魚みたいなイメージですね。十匹釣って九匹はすぐいなくなっちゃうけど、一匹は寿命が長いのがいるような。長持ちする張扇というのは、要するに自分にフィットしているということなんです。同じ形、丈、厚さにしているつもりですが、出来上がりがそれぞれ全部違うので、自分に合ったのだけが残るんですよ。

張扇の音がいいと自分も話に乗れますよね。お客さんも乗っているのがわかります。特に武芸物など激しい読み物では、乾いたセコい音が出るともうダメです。野村無名庵《のむらむめいあん》という人の書いた『本朝話人伝《ほんちょうわじんでん》』という本の中に、釈台は木でできていて生きているので、雨が降りそうになると湿度の違いで張扇を叩いたときの音が変わるということが書かれています。だから、講釈場の常連になると、音の変化で「あ、雨が降るな」と気づいたそうです。

僕もいずれネタによって張扇を替えられるぐらいになったらいいですね。そのくらい張扇にこだわる時期があってもいいのかもしれません。

Q 高座での着物に約束事はありますか

A やくざ物の侠客をやるときは、愛山先生は紋付は着るなとは言いますね。「いかにも侠客が着るようなものを着ろ、紋付なんか着ない」ということで、紋も何もついてない縞の着物を着ることが愛山先生は多いそうです。各々の先生のお考えがあると思いますが、奉行が出てくるから袴をはくとか、そういう指定は特にされていないですね。世話物（町人主体の物語）以外では、黒紋付が無難ですが、要するにその話に合っていればよいということです。

落語ではほとんどの人が羽織を途中で脱ぎますが、講談の場合はそこも明確には決まっていなくて、うちの師匠は脱ぎません。師匠はむしろメガネをはずします。それで、「これから本編に入りますよ」といったことがわかる。

僕は羽織を脱いでメガネをはずして、と両方やっていますが、たしかにメガネをはずすと顔の感じが変わるので、お客さんの空気も変わるんですよね。羽織を脱げば「もう本編に入る」って合図になるのでお客さんがすっと入り込める、あれもいい工夫なのかもしれないなと思います。

また僕の場合は、たとえば『小猿七之助《こざるしちのすけ》』（一五五ページ参照）で「寒いからかけてやる」って言ったときに、話の内容に合わせていいタイミングで羽織を脱ぐということをよくやりますね。『大高源吾《おおたかげんご》』（九四ページ参照）の中でも、みすぼらしいなりをしている人に「お羽織りよ」と羽織を脱いで渡すシーンがありますが、自分もそのまま羽織を脱いだ方が自然に見えると思い、そうしています。

Q 講談のタイトルについて教えてください

A

『畔倉重四郎』を例にしてみましょう。『畔倉重四郎』というタイトルは、「読み物」というのが正式な言い方ですね。講談の大会やNHKでは「演目」と言っていて、みんなそれでよしとしていますが、要するにお客さんに意味がわかればいいのです。ただ「読み物」という言い方を講談師は好みます。もともと講談師は、天下の記録読みといったように、無筆の人が多かった時代に、偉人、たとえば家康などの話を、町民たちの代わりに読んでいたような存在です。だからいまだに昔の時代を前提としたやり方をしていて、今はもうみんな文字が読めますが、物語を読んであげていた時代の名残りで、「読み物」という言い方をしているのではないかと思います。

また、たとえば『畔倉重四郎』では「大岡政談の中より畔倉重四郎」といった言い方もします。『畔倉』は、講談のなかでジャンル分けすると「大岡政談」に含まれる。つまり、大きなくくりでは大岡様が裁いた話のひとつということで、こういう言い方もします。

その『畔倉』のなかに、たとえば一話目「悪事の馴れ初め」、十七話目「奇妙院の悪事」という話があるわけですが、それは全十九話とか十九席という言い方をします。それが正式な言い方かはわかりませんが、台本にはそのように書かれています。

ただし、この『畔倉』が十九話、十九席というのは、うちの師匠がまとめたかたちです。師匠が、博文館から出ていた本に載っていた膨大な量の『畔倉重四郎』の話を、現代に合わせるかたちでぎゅっとまとめているので、「十九話、十九席」と言うときは「これは神田松鯉にならった表記にしたがっている」としたほうがよいと思います。つまり、速記からまとめているので、まとめる人によって話の構成が変わってくるのです。また、読み物のタイトルも、流派やまとめる人によって変わることがあります。

『慶安太平記《けいあんたいへいき》』（四六ページ参照）も十九席ですが、たぶん本当はそれより圧倒的に長い話なんですよ。それも、現代でも通じるものを、うちの師匠が抜粋してやっているということなので、台本に「このあと金井民五郎の話がありますが」と書かれていても、続きを見ると金井民五郎は出てこない。だから「あ、これは抜いているんだな」とわかる。つまり、あくまでうちの師匠がまとめたかたちであるということは、大事なところだと思います。抜粋したとは言っても、十分な量です。

Q 修羅場とは何ですか

A 講談師は、もとは「太平記読み」と呼ばれる、『太平記』を朗読、講釈する人たちがルーツと言われています。『太平記』は室町時代の軍記ものですから、現在、講談の三つのジャンルのひとつとされる「軍談」の源流と言っていいと思います。ちなみに、他の二つのジャンルは、将軍や大名などに関する話を読む「御記録物」、また身近な町人を扱った「世話物」です。

軍談は勇ましい話で、これを独特の調子で読むのが「修羅場」です。この調子は後世に作られた技術だと思いますが、「頃は元亀三年《げんきさんねん》壬申年《みずのえさるどし》……」と七五調で、張扇を使い、尻上がりに読んでいく。講談の代表的な、かつ特有の技術ですね。

修羅場を読むことによって、講談の基本を身に付けることができます。大きな声を出す、張扇を叩くタイミング、難解な言葉を覚える記憶術、また人前に出る度胸、一回でもつっかえたら終わってしまうことを学び、講談の流れ、リズム、メロディーのようなものを身体にたたき込んでいく。つまり講談師になるための必修科目であると言えると思います。

修羅場と書いて「ひらば」と読みますが、これも明確な理由はなく、「しゅらば」と言う方もいます。

Q 講談師の修業について教えてください

A

僕は芸協（落語芸術協会）に所属しているので芸協の修業しか知りませんが、落語家さんとまったく同じです。日本講談協会にも所属していますが、講談には三味線に合わせて鳴り物や太鼓が入らないので、落語に比べると覚えることは少ないと思います。しかし芸協にはいろいろな芸人さんが所属しておられるので、たとえば奇術の先生の道具の位置など、細かく覚えることはたくさんありました。

それから、開演前に高座に上がり、誰もいない客席の前でやり、途中でお客さんが入って来たらやめる、「空板《からいた》」というものを僕も一回か二回はやらせていただいたかな。それはあまり落語にはない、たぶん講談のオリジナルの修業だと思います。

昔の講談の修業はすごい厳しかった、怖かったと聞きますが、それもイメージ先行のあまりにも伝説的なもので、昔の落語界も同様のはずなので、あまり変わらないのではないでしょうか。だから修業も人によって、入門したところによって変わるということですね。前座時代には、多くの芸人が毎日師匠の家へ行きます。これも通いや住み込みがあり、住み込みは今はほとんどありませんが、うちの師匠のように、そもそも通わせることもしないというところもあります。まさに人によりけりです。通いの場合、毎朝何時かに師匠の家に行って、料理を作ったり洗濯をしたりとかしてから寄席へ行ってまた家に戻って来て、となりますが、うちの師匠は稽古のとき以外は来なくていいと言います。あとは一門の行事、お歳暮、正月、お中元のときだけですね。それも挨拶しに行くだけで特に難しいことはなく、これも人によってというところではないでしょうか。

Q 講談の稽古はどのようにするのですか

A

ほとんどの講談師が『三方ヶ原軍記《みかたがはらぐんき》』（一〇八ページ参照）という読み物を最初に習います。最初に覚えるものがそこまで決まっているのは、落語と講談の大きな違いのひとつですね。落語だと流派によって覚える噺が違いますが、講談はみんな『三方ヶ原』。もっとも大師匠の二代目神田山陽は『三方ヶ原』は持っていなかったので、『源佐衛門《げんざえもん》駆《か》け付け』（一七五ページ参照）という五分くらいの長さの話を習わせていました。『三方ヶ原軍記』から次に武芸物にいって、『宮本武蔵《みやもとむさし》』などを習いますが、それも流派によって違うんです。神田は『武蔵』で一龍斎は『荒木又衛門』、宝井は『塚原卜伝《つかはらぼくでん》』とか……あとは自由でした。

最初に『三方ヶ原』を習う理由は明確で、これは一龍斎貞水先生も著書の中で書かれていますが、まず大きな声を出すという訓練です。あとは、「頃は元亀三年壬申年……」といった講談の七五調のリズムを身につけるため。それから張扇の打ち方をつかむ。うちの師匠には「張扇を叩いたときだけ息継ぎしていい」と教わりました。つまり、張扇は水泳で言うとクロールみたいなもので、叩くタイミングはどこでもいいというか、明確に決まっておらず、稽古のときに目安として叩いているんです。ただここで叩くと気持ちがいいというポイントはあって、師匠に見本を見せていただけるんですが、基本は自由でいい。でもあまりちょこちょこ張扇を入れるとお客さんが聴きにくいだろうから、お客さんが一番聴きやすいタイミングを自分で探せということです。ということで、大きな声を腹から出すこと、張扇のタイミングを覚えること、独自のリズムを身につけること、この三つを覚えるのが非常に大事で、『三方ヶ原』はその点、一番適した話です。

また『三方ヶ原』はすごく稽古が必要なんですよ。一言一句覚えていかなければならないので、お客さんの前で絶句しやすい。言葉が出てこなくなっちゃうんです。だから、どこまで記憶したらお客様の前でできるかということを教えてくれる話でもありますね。講談の芸は逃げ道がないというか、針の穴に糸を通すみたいなところがあるんです。落語だとひとつ名前が出てこなくても、噺を進めることは不可能ではないですが、講談はリズムで覚えている面もあり、一句出てこないと次もつながらない。

だから『三方ヶ原』をやると、動じなくなるということもあります。落語家さんに聞くと、噺のなかの言い立て、たとえば『大工調べ』や『御神酒徳利《おみきどっくり》』などの言い立てで、すごくドキドキするらしいんですよ。普通の会話では全然緊張しないらしいのですが、言い立てだけは独自の覚え方をしなければならないのでごまかせないと。つまり、そのドキドキする場所だけを『三方ヶ原』では十五分やるわけです。一句忘れただけで大恥をかくというようなすごく厳しいことを、一番最初にやらされる。だから『三方ヶ原』は、面白く聞かせるのが、読み物の中では圧倒的に難しいのではないかと思っています。

一龍斎貞水先生は、「うまい名人と言われる人がどんなにいい講釈をやろうが、下手だろうが何だろうが大きな声を出して一生懸命にやっている『三方ヶ原』には勝てない」とおっしゃっていて、それはすごくわかります。あんなスレスレの芸を、若くてキャリアもない人間が一生懸命に未来の名人を目指してやっているという美しさには勝てないというのは、すごくいい話だなと思います。ここで度胸をつけるというか、すべてを学ぶという感じが、『三方ヶ原』にはあるかもしれません。先生によっては、「人前で『三方ヶ原』なんかやるな」という教え方をする方もいたみたいで、『三方ヶ原』は、講談師が自分を訓練するための素振りみたいなもので、人前でわざわざやるものじゃないよ、という考え方もあったようです。

僕自身は、『三方ヶ原』から教わるのは、すごくうれしかったです。覚えることも喜びでした。だから『三方ヶ原』で、講談師もふるい落とされるかなと思うんですよ。つまりこれを「お経みたいでつまらねえ」ととらえる人は演者として向いてないかもしれない。僕は「今は自分の大事な基礎を作ってるんだ」と、すごく喜んでやっていた記憶があります。

うちの師匠に稽古を何回かしていただいて、終わったとき、たぶん師匠は覚えておられないと思いますが、「お前に言うことは何もない」って言ってくださった。それはすごくうれしかったです。「でも、お前はすぐ調子に乗るからあまり言いたくないけど」と師匠の言葉は続きましたが、師匠も『三方ヶ原』を大事にされているのだと思います。

講談の稽古の具体的なやり方は、稽古をつけていただく方によって違うんです。愛山先生に習うのと、琴調先生に習うのでは違うし、また別の先生ではまったく違う。愛山先生の稽古は、一回見せていただき、それを録音して持って帰って覚えると、「実際にやってみろ」と。そこで直していただき、「ちょっとだめだからもう一回来い」となる。落語の稽古のやり方に似ています。うちの師匠は、僕が台本を見ながら読んでいくのを聞き、「あ、読み方が違う」とか「もう一回来い」と言われて、また見てもらって、よければ「あ、いいよ」となる。それにかなり自由度が高く、「ああそんな感じでね、でもちょっとここの感情移入が……」などの指摘があり、あとは「自由にやれ」と。一方、大師匠は、台本と一言一句、音と間も同じにすることを求めたそうです。『宮本武蔵』の「狼退治」（四〇ページ参照）に登場する狼の「オウォォォーッ！」という鳴き声も、「低すぎる」とか「高くしろ」とか、高低まで細かく稽古したらしいです。

昔の講談では、基本的に一回しか稽古がなかったと聞いています。落語は三遍稽古とか言いますが、昔の講談の稽古は「点取り」と言って、「ここだけは大事」という固有名詞や年月とかだけをチェックしながらやっていく稽古の仕方だったらしいです。そうやって固有名詞とかだけ押さえて、あとはけっこうふわっとした記憶でやっていたようですね。

Q 講談の台本とはどんなものですか

A

台本の内容は時代に合わせて変わっています。たとえば『赤穂義士伝』（八三ページ〜参照）など有名な読み物だと、六代目一龍斎貞山がうちの大師匠に教えて、大師匠がうちの師匠に教えて、それが僕のところに伝わっているのですが、その都度、それぞれの師匠が台本を変えているんです。でも、どこまで台本を変えているか、前の台本がないのでわからないんです。僕は、常にうちの師匠からリニューアルされた台本を渡されるので。

一度、『越の海』（一四九ページ参照）という相撲の話の台本を、大師匠のものとうちの師匠のものを見比べる機会があったのですが、全然違っていました。うちの師匠の台本はすごくコンパクトになっていたんです。あまり有名ではない相撲取りの話を四十五分とか一時間やるのは、現代人の時間の感覚に合わないということもありますし、昔の講釈の台本は冗長なんですよ。だから今は分量も半分以下になって、内容もわかりやすく、いかにうちの師匠がよく直してくれているかがわかりました。

それをまた自分なりに変えていきます。台本に手を加えるということももちろんありますが、正確に言うと現場で変わっていく方が多いです。「こっちの方がお客さんは喜んでくれそうだな」という方向に持っていき、アドリブでポンと出た言葉が気に入ったらそれを残したりして、それも誰もがやってる手法だと思います。

演出を大胆に変えることもあります。普通、講談は会話から入らないのですが、『大高源吾』（九四ページ参照）では、昔は「卍巴《まんじともえ》と降る雪の中、両国橋で大高源吾が……」という描写から入っていたのですが、最初に話の肝となる「年の瀬や水の流れと人の身は」という句をつぶやいて、「どういう意味だろう」というところから始めると、この句の意味がわかった瞬間に、物語のテーマがはっきりする。このやり方の方が現代的だなと自分では思いました。そういう演出の工夫も、昔からやっていることだと思いますよ。

Q 連続物など、長い講談はどうやって覚えるのですか

A 落語の一席物をたくさん覚える感じです。そこは大きな山も一歩一歩で、落語の『子ほめ』とか『牛ほめ』とかいっぱい覚えた先にそれが全体像になっていくといったイメージですね。だから連続物が長いといっても、覚える苦労は普通の一席を覚えるのと変わらないですね。むしろ筋になっているから覚えやすいかもしれません。

Q 講釈と講談は違うものですか

A

浪曲と浪花節、落語家と噺家みたいなもので、基本的には同じものです。ただ、明治の初年に鑑札制度のお触れが出て、芸人が政府に管理されるようになり、それぞれの芸の内容を明確にしなければならなくなった際に「講談」という言葉を使い、それが記録に残っていると言われています。

とはいえ明確な区別はなく、講釈という言葉がノスタルジーというか、響きも含めて好まれていたので、今でも使われることもあります。昔のことを話すときは講釈、比較的最近のことは講談という言い方もありますが、これも雰囲気ですね。

僕自身は「講談師」です。これについては、あまりこだわりがないんです。

Q 絶句したことはありますか

A 七回ぐらいはあるんじゃないですか。相当多いと思います。普通、生涯一回あれば十分だと思うんですが、五百人の大ホールで師匠も一緒に出ている会で『三方ヶ原』を絶句したことがあります。そこで二秒くらい次の言葉が出てこなくて困っていたとき、お客さんのなかに講談教室の生徒さんのような方が来ていて、「〇〇!」って言ってくれた。そうしたら、その言葉だけで次につながったんですよ。リズムで覚えてるから、ひとつの言葉が出ないと次が出ないいんです。この言葉を言った↓この言葉を言った↓この言葉を言ったっていうふうにつながっていくものなので、ひとつが出てこないと橋を渡っていくことができない。穴が空いちゃう。でもそこで言葉をいただいたので「あ、つながった」って全編最後までいけました。

『三方ヶ原』は、お客さんからはなんのリアクションもない話なんです。だから最初は本を見ながらやっていましたが、それでいいんです。軍記物だけは本を読んでやっていいと言われてまして、だから、本という補助輪も最初はついていて、よくできた仕組みだと思います。最初は本を読むことについても、話はほぼ覚えていながら形だけめくっているという姿も絵になるようにということもやらされました。

Q 初心者におすすめの講談は何ですか

A 講談をまったく聴いたことがない初心者の方には、「落語にはさまっている講談を聴いてほしい」と言うんです。というのは、僕も含めて講談師は、お客さんが話を知っている前提で喋ってしまうことが多いんです。でも落語と一緒に出ると、落語の雰囲気の中でお客さんが講談を知っている前提でやっても蹴られてしまう、つまりウケないから、講談師もわかりやすくやるので、落語家さんと一緒に出ているときの講談はすごく聴きやすいのではないかと思います。また落語と講談の違いは、文字だけで読んでもなかなか伝わらないので、一緒に観ると、講談師だけ観るよりもむしろ講談というものの感じがよくつかめるのではないかなとも思います。

Q　歴史にあまり詳しくないのですが……

A

講談を聴くにあたって歴史に詳しいかどうかは、まったく重要ではありません。そこは構えずに、手ぶらで来てほしいです。

もちろん知っていたほうが楽しいのは事実で、以前雑誌の取材で、講談に縁のあるところを訪ねたことがあるのですが、今まで興味もなかった人物でも講談で触れていると、「あ、こんなエピソードがあったよな、この人」と、お墓へ行くだけでもちょっとウルッとくるということはあります。普通に『赤穂義士伝』に登場する不破数右衛門《ふわかずえもん》や神崎則休《かんざきのりやす》の髪の毛を納めた遺髪塔などへ行くとやはり思うところはありますし、美術館に行っても、天明時代（一七八一〜八八）のものを見ると、「あ、この時代は講談だと泥棒が多かった時代だったよな」とか、元禄時代（一六八八〜一七〇三）だと「まさに義士の時代だな」とか思う。また仕事柄地方へ行く機会が多いのですが、行くたびに「あ、ここではああいう人物がいたよな」とか、講談のエピソードを通して日本の歴史に触れ、物事がクリアに見えてくることもあります。僕自身も歴史は疎いですが、講談を聴くと物事の見え方が変わってくるということは言えるかなと思います。いろんなエピソードがあって、人間は面白いと思いますし、自然と日本を好きになりますね。

松之丞全持ちネタ解説

文・長井好弘
神田松之丞　編集部

2

連続物

寛永宮本武蔵伝

全体のあらすじ

豊前小倉《ぶぜんこくら》藩の家臣宮本伊織《みやもといおり》の子で、江戸の藩邸で生まれた宮本武蔵《むさし》は、父について剣術を学び、工夫を重ねて二刀流をあみ出した。武蔵の妻の父であり、白山下に道場を構える石川軍刀斎巌流《いしかわぐんとうさいがんりゅう》の評判をねたんだ肥後熊本の剣豪、佐々木小次郎岸柳《がんりゅう》が弟子を「偽岸柳」に仕立てて江戸に送り、巌流に果たし合いを申し込む。病身のため宿敵の挑戦を受けられぬ巌流は無念の自死。武蔵は「偽岸柳」を討って義父の仇を討ち、真の小次郎岸柳を倒すため、江戸を後にする。箱根の山中で狼を退治し、名古屋で御前試合をし、老いたる柳生十兵衛と戦い、天狗退治に名乗りを上げ、熱湯風呂で窮地に陥るなど、名だたる武芸者、武術家と巡り合い、あるときは教えを乞い、またあるときは死闘を繰り返しながら、西へ西へと旅を続ける。ついに下関で小次郎岸柳の足跡を見つけ、武蔵は関門海峡の船上で小次郎岸柳に出くわし、豊前小倉の灘島《なだしま》（巌流島）での最後の決戦で首尾良く宿敵小次郎を倒す。

一　偽岸柳

肥後熊本の剣豪佐々木小次郎岸柳は、江戸・白山下の道場主、石川軍刀斎巌流の名声をねたみ、門弟を偽岸柳に仕立てて江戸へ送りこむ。病気で試合ができない巌流は切腹し、義理の息子の宮本武蔵が立ち上がる。

二　道場破り

舅・石川巌流の無念を晴らさんと、武蔵は小次郎岸柳の道場へ乗り込み、沢田杢左衛門《さわだもくざえもん》ら門弟たちを二刀流でたたきのめす。師範が負けたので、多数いた門弟たちはたちまちよその道場へ移ってしまう。

三　闇討ち

「道場破り」に遭い、門弟が総崩れになった小次郎岸柳門下の偽岸柳は、これを遺恨に思い、弟子二人と目黒行人坂《めぐろぎょうにんざか》で武蔵を襲うが、たちまち斬り殺される。武蔵は真の小次郎岸柳を討つためその足で西へと向かう。

四　狼退治

駕籠《かご》で箱根越えをする武蔵。関所の門が締まっているので野宿をすると、狼の群れが襲ってきた。武蔵は二刀流で斬りまくる。その横で、素手で狼を殴り殺す駕籠かきの正体は、柔術家関口弥太郎《せきぐちやたろう》だった。

五　竹ノ内加賀之介

旅籠《はたご》で武蔵の揉み療治をする男がとんでもない喧嘩好き。療治の最中で喧嘩になり、畳を剝がし、相手を投げ飛ばすなど大騒動に。男は自分より強い男を捜して旅をする柔術家だった。

六　山本源藤次

東海道・名古屋へ入った武蔵。「義兄弟」と偽って、尾張藩指南・山本源藤次《げんとうじ》を訪ねる。尾張大納言にも目通りがかない、源藤次との試合が実現する。一進一退の攻防は、尾張大納言の号令で引き分けに。

七　柳生十兵衛

佐々木小次郎岸柳、吉岡又三郎と共に「天下の三名人」といわれた柳生十兵衛三厳《みつよし》を訪ねる武蔵。十兵衛は気がふれていたが、武芸の腕は変わりがない。二刀流の武蔵と丸腰の十兵衛の勝負の行方は？

八　吉岡治太夫

武田の武将だった吉岡治太夫《じだゆう》は、徳川に仕えるのを善しとせず、京で道場を開く。一番弟子の搗米屋《つきごめや》が他道場の門弟と御法度《ごはっと》の試合をさせられ、無残に敗れる。弟子の仇討ちのため治太夫は敵地へ向かう。

九　玄達と宮内

名だたる武芸者に次々と挑戦する武蔵は、手裏剣の名手・毛利玄達《もうりげんたつ》に飛び道具を払い落とす術を学ぶ。その後、弓矢の達人宮内と対決することになる。

十　天狗退治

夜道を歩く者に天狗が悪さを仕掛けてくるという噂を耳にした武蔵は、「ならば天狗を退治してやろう」とひるまず先へと進んで行く。犯人は天狗ではなく、腕試し、刀試しが目的の侍の仕業だった。

十一　吉岡又三郎

二刀流の武蔵が立ち向かうは、寛永期（一六二四―四三）の剣術三名人の一人、吉岡又三郎。思った以上に又三郎の小太刀は手強く、苦戦を強いられる。武蔵が空を飛び、手裏剣を投げるなど、互いに秘術を尽くした戦いになる。

十二　熱湯風呂

自分を仇と狙う一門とは知らず、歓待を受け風呂に案内される武蔵。着物を脱いで湯船に入ったところで戸に釘を打たれ、閉じ込められる。怒った武蔵は降り注ぐ熱湯を避け、死んだふりをして、後に大暴れする。

十三　桃井源太左衛門

居酒屋で自慢話をする道場の門弟。客の老人が「道場の先生をやっつけてやろう」と言うので案内すると、老人は道場主桃井源太左衛門《ももいげんたざえもん》を素手で倒してしまう。この老人の名は、伊東弥五郎《いとうやごろう》（一刀斎）。武蔵は、老人に教えを乞う。

十四　甕割試合

伊東弥五郎（一刀斎）は、徳川家康に剣術指南役を頼まれたが、固辞する。「誰か弟子を代わりに紹介しろ」と言われ、甲乙つけがたい門弟、小野善鬼《おのぜんき》と神子上典膳《みこがみてんぜん》の二人を試すことにする。

十五　山田真龍軒

播州《ばんしゅう》・舞子《まいこ》が浜の茶店前、振り分け荷物が身体に当たったのがきっかけで、「毒虫」山田真龍軒《やまだしんりゅうけん》と武蔵との果たし合いが始まる。真龍軒の使う得物は鎖鎌。武蔵は「天狗昇飛切《てんぐしょうとびきり》の術」で立ち向かう。

十六　下関の船宿

「小倉で武蔵と小次郎岸柳が決闘」という噂を聞き、下関から船に乗る武蔵。船が交錯する際、向こうの船に小次郎岸柳を発見、船を乗り換える。「果たし合いを」「船客に迷惑が」。灘島（巌流島）で決闘だ！

十七　灘島の決闘

決戦の場、灘島に定刻に現れた武蔵と小次郎岸柳。小次郎岸柳は七十代の老人といえども強い。弱いふりをして、武蔵が油断すると襲いかかってくる。武蔵危うし！　土壇場で武蔵が繰り出した必殺技とは……。

解説

神田派に『寛永宮本武蔵伝』、宝井派に『天正宮本武蔵伝』、二つの『武蔵伝』をくらべてみれば、神田の方がくだけた構成になっている。

神田の方、すなわち『寛永』では、寛永御前試合になぞらえて、武蔵が行く先々で勇士豪傑と対戦する型にこしらえてある。主役の武蔵は既婚者であり、義父の石川軍刀斎巌流を殺され、仇討の旅に出る。武蔵は三十二、三歳と若いが、「宿敵」佐々木小次郎岸柳は七十歳を超えた、したたかな老人という設定だ。

もちろん、吉川英治作の小説版とも違っていて、佐々木小次郎岸柳を仇と狙う一点だけは共通だが、恋人のお通は出てこない。吉岡一門との決闘はないが、吉岡又三郎との御前試合は出てくる。

十七席の物語は、相手変われど中身変わらず、武蔵と武芸者とのチャンバラ対決である。連続講談とはいうものの、毎回完結のような作りで、単純明快、爽快な時代劇だ。

面白いのは、「吉岡治太夫」のように、主役の武蔵がまるで登場しないエピソードがあることだろう。実はこの『寛永宮本武蔵伝』では、武蔵が出てこないほうが「味のある話」「聴かせる話」になっているのである。

あえていうなら、連続である必然性も薄い物語だが、ここには神田派の特長である「面白い講談を作ろう」という代々の知恵と仕掛けが詰まっている。

「まさに全編が漫画ですよ。武蔵は、本来硬い話なのに、ふざけていて面白い。僕らのわからないレベルで、神田派の先人たちがたくさん工夫をしたのでしょう。『ザ・神田派』という感じです」

松之丞にとっては、『三方ヶ原軍記』『鉢の木』に続いて師匠の松鯉に教わった三番目の話。もちろん、初めての連続物である。

「『武蔵』の稽古に入ったときは、うれしかった。うちの師匠が『偽岸柳』を、孫にでも教えるみたいに、やさしくていねいに読んでくれたんですよ。僕が入門したとき、師匠は六十三、四歳でした。前にいた男の弟子が辞めた直後だったこともあったのか、『いやいや、そうじゃないんだよ。もっとこうやってな』って、ものすごくやさしく教えてくださった。今、稽古のテープを聞き直すと笑っちゃいますよ、『何だこれは』って（笑）」

ただ、いくら師匠がやさしいとはいえ、チャンバラばかりの『武蔵』を集中的に稽古するのはつらかったようだ。

「『連続物が大事』というのはわかりますが、僕としては、とりあえず寄席にかけられるネタがほしい。第一話を教わっているときから、早く『狼退治』の場面に行かないかなと、それればかり思っていました。『武蔵』の中では子供も含めた、万人向けのエピソードですからね」

やっと覚えた「狼退治」を、ちょうど神田蘭《らん》の二ツ目昇進披露の興行で読んだとき、松之丞は武蔵が駕籠に乗った瞬間に絶句した。まだ狼が登場する前なのに、「ちょっと勉強し直してまいります」と高座を下りたという。

「その後も七、八回は絶句してますよ（笑）。でも今は、すごく便利に使ってます。大師匠の二代目山陽は生涯、『狼退治』と『熱湯風呂』をやっていたと聞いています。うちの師匠は『年を取るとやる機会が減る』と言うけど、大師匠は『オオオーッ』って晩年まで吠えていたそうです。武蔵の捉え方、芸風の違いもあるのだと思います」

『武蔵伝』で、松之丞の功績を言うなら、世に「山田真龍軒」の楽しさを広めたことだろう。彼以前に、「山田真龍軒」を一席物で高座にかけた人を知らない。だから、初めて聴いた観客は皆驚いたはずだ。

鎖鎌の虚無僧《こむそう》と、二刀流の武蔵がひたすら戦うだけ。死闘の描写はリアルだが、最後の最後に武蔵がとんでもない必殺技を繰り出すので、話がいきなりリアルからＳＦへと飛んでしまう。そんな「山田真龍軒」という話を、松之丞は大汗かいて大真面目に演じ、抱腹絶倒、爽快感満載のエンタテインメントに仕上げてしまった。

「往来で人が喧嘩していたら気になるよね、ましてやそれが武蔵と虚無僧だったら見ちゃうよね、っていうのを目の前で、お客様に想像してもらうだけなんですよ。侍が歩いているだけでエンタテインメントになるんだと、と気づかせてもらいました」

連続物

慶安太平記

全体のあらすじ

江戸・慶安年間（一六四八～五二年）に、徳川の天下を覆そうとする一大騒動の首謀者となった由井正雪《ゆいしょうせつ》の物語。駿河《するが》国の染物屋の倅だった正雪は、少年時代から才気煥発、江戸へ出て軍学者・楠木不伝《くすのきふでん》に学び、後にその道場を乗っ取った。剣術、槍術の指南もし、門弟が千人規模に膨れあがる頃、幕府転覆の野望を抱く。紀州公徳川頼宣《よりのぶ》など大藩とのつながりを模索し、文武両道に明るい佐原重兵衛《さはらじゅうべえ》、槍の名手丸橋忠弥《まるばしちゅうや》、易や天文に通じる秦式部《はたしきぶ》など、幅広く人材を集め、大望成就に向けて着々と準備を進める。三代将軍家光の他界を好機と、正雪は計画の実行を決意。江戸の町を焼き払う実動部隊には幹部級を配し、京大坂へも手配りをする。ところが、丸橋と奥村八郎右衛門の碁の勝負でのいざこざから、奥村が謀反の大事を漏らしたため、松平伊豆守の手配りで一味は一網打尽。大事発覚を察知した正雪は捕縛の前に切腹して果てた。

一　生い立ち～紀州公出会い

駿河国の紺屋《こうや》の倅、正雪は幼少時から武芸、兵法、茶の湯、書画骨董まで何でも一番。成人の後、旅先で紀州の徳川頼宣と出会う。仕官はかなわなかったが、大望を持って江戸へ向かう。

二　楠木不伝闇討ち

江戸に出た由井正雪は、榎町の軍学の大家、楠木不伝の道場で学び、娘お重の婿にと望まれる。お重と門弟村上は男女の仲に、怒った不伝が村上を破門。正雪は村上をそそのかし、恨んだ村上が不伝を殺した後、正雪は道場を乗っ取る。

三　丸橋忠弥登場

宝蔵院流の槍の名手・丸橋忠弥は、「文武両道に秀で、数多くの門弟を集めている」という由井正雪の噂を耳にし、「俺が化けの皮を剝がしてやる」と正雪を追い回し、正雪の知人の絵師の家で初めて正雪と対面する。

四　忠弥・正雪の立ち合い

丸橋忠弥と正雪は、ついに道場で対決する。丸橋は正雪の門弟二人を簡単に倒したが、正雪にはまったく隙がなく、必殺の一撃を打ち込めない。思わずその気合に「参った！」と叫ぶ。

五　秦式部

正雪の道場は繁盛しているが、なかなか世間の信用は得られない。正雪は秦式部の力を借りて雨ごいをし、旱魃《ひでり》が続く江戸に雨を呼ぶと宣言。公儀に働きかけ、大々的に祈禱を行い、本当に雨を降らせる。

六　戸村丹三郎

柳生宗矩《むねのり》の家で中間奉公をする浪人戸村丹三郎。浅草寺で宗矩に絡んだ不良旗本を退け、「褒美代わりに勝負を」と宗矩に挑むが、あっさりひねられる。丹三郎は正雪の甘言に乗り、「宗矩と徳川家を倒したい」と正雪道場の門を叩く。

七　宇都谷峠

京へ旅する増上寺の怪力僧・伝達《でんたつ》は、謎の男甚兵衛《じんべえ》に誘われ、宇都谷《うつのや》峠で紀州の御用飛脚を襲い、三千両を奪うのを目撃。松平伊豆守《いずのかみ》の領地・吉田へ逃げる。伊豆守の包囲網が迫るや、地雷火で町を火の海にする。のちに二百両をもらう伝達。

八　箱根の惨劇

京都知恩院に上納金二千両を届けた伝達は、帰り道、五戒を破って酒を飲み、肉を食い、懐の二百両に群がる護摩の灰や追いはぎを、虫ケラのように叩き殺す。一部始終を目撃した由井正雪が伝達を一味に入れる。

九　佐原重兵衛

佐原重兵衛は夜桜見物の晩に正雪を槍で襲う。さらに、偽名を使い田舎者を装って正雪に近づいたが、簡単に正体を見破られ、正雪に心を開く。重兵衛は、

―のちに正雪の片腕となって、幕府転覆計画に加わる。

十　牧野兵庫（上）

砲術の名手・牧野兵庫は大病で死線を彷徨《さまよ》った際、正雪に一命を救われ、回復後は恩人正雪に絶対的な信頼を寄せる。正雪の伝《つて》で、紀伊の徳川頼宜《よりのぶ》の面前で砲術の技を披露。見事成功して仕官する。

十一　牧野兵庫（下）

紀伊家の国元に赴いた牧野は、主君頼宜の命で淡島の大蛇退治に参加、得意の砲術で手柄を立てる。牧野はとんとん拍子に江戸家老にまで出世する。だが、正雪の頼みで頼宜の印を盗み出し、改めて正雪一派に加わる。

十二　柴田三郎兵衛

丸橋忠弥が正雪の道場に出入りすることに眉をひそめていた忠弥の義兄弟で北條流軍学指南の柴田《しばた》三郎《さぶろ》兵衛《べえ》。正雪は一計を案じ、柴田と対面。柴田は正雪の話を聞いて胸を打たれ、一派に加わる。

十三　加藤市右衛門

徳川によるお家とり潰しで浪人となった加藤市右衛《かとういちえ》門《もん》は、材木問屋松田屋弥五右衛門《やごえもん》の弟・弥五七《やごしち》と知り合う。弥五七は、実は自身は加藤家に縁があり、徳川への恨みを抱く者だと告げ、正雪と共に幕府転覆を謀ろうと加藤を仲間にする。

十四　鉄誠道人

異形の願人《がんにん》坊主・鉄誠道人《てつせいどうじん》は、正雪の入れ知恵で「悪のすべてを受け入れ焼身自殺する。自らの悪を拭い去りたい者は免罪符を買い求めよ」と触れ、十数万両を手にする。正雪は抜け穴があると騙し、道人を焼き殺し、その金を自分のものとする。

十五　旗揚げ前夜

幕府に目をつけられ始めた正雪は、老中筆頭松平伊豆守信綱の暗殺を目論むが失敗。やがて慶安四年四月二十日、三代将軍家光が逝去。好機到来と一派を集め、各地の大将を発表するが、その中に忠弥の名前はなかった。

十六　丸橋と伊豆守

江戸城の堀端で、酔漢を装った丸橋忠弥が石を堀に投げて深さを測っている。登城途中の松平伊豆守がこれを不審に思って、忠弥に声を掛ける。動揺した忠弥は泥酔して帰宅する。

十七　奥村八郎右衛門の裏切り

決起の前日、奥村八郎右衛門《はちろうえもん》と丸橋忠弥が碁を打ち、「待った」「待てない」で大喧嘩に。忠弥は碁笥《ごけ》を投げ、奥村の額を割る。帰宅した奥村は、額の傷を父や兄に問い詰められ、正雪の幕府転覆計画を漏らしてしまう。

十八　正雪の最期

奥村と丸橋の一件から討幕の動きを察知した松平伊豆守は、正雪一派の捕縛に動き出す。正雪は駿府の旅籠で決起を待っていたが、六百人の捕り方に囲まれ、「もう逃げきれない」と観念し、切腹して果てる。

十九　一味の最期

正雪の幕府転覆計画が決行前夜に発覚したことで、駿府に集まった幹部たち、江戸の町を焼き払う実動部隊、京大坂を抑える一団ら、正雪一派の武芸者たちが、松平伊豆守配下に次々と捕縛され、極刑に処せられる。

解説

『慶安太平記』は全十九話の長編だが、中盤の「宇都谷峠」、後半の「鉄誠道人」などの山場をはじめ、緊迫感にあふれる見せ場が各話にちりばめられており、知略、奸計の人・正雪を筆頭に、丸橋忠弥ら武芸の達人あり、放火術、忍びの術に優れた異能の人あり、バラエティ豊かな登場人物が躍動する。ダレ場は数席あるものの、「正雪の最期」の壮絶なラストシーンは、数ある連続講談の中でも超一級のエンタテインメントであることは疑う余地もない。

連続講談『慶安太平記』は、由井正雪の人集めと金集めの物語が交互に展開するという形で、進んでいく。

多彩な登場人物の中でも、首魁《しゅかい》・由井正雪の存在感が圧倒的だ。文武両道に人並み外れた才を発揮するが、単なる優等生ではなく、その才能をフルに使って「悪魔の計画」を進めていく。そして道場に集まる武芸者たちを、天才的な人心掌握術で魅了し、籠絡し、自在に操り、陥れていくのである。

松之丞は、まだ観客の時代に、大好きだった立川談志の高座で知った『慶安太平記』を、一日も早く手掛けてみたかったという。

『宮本武蔵伝』全十七席の稽古が済んだ後、師匠松鯉が「次の連続物は何にしようかな」と言った。そのとき、松之丞は師匠の本棚に並ぶ講談の台本の中で、ひそかに狙っていた『慶安太平記』の台本だけがAとBの二冊に分かれているのに気が付いた。

「師匠、何で二つに分かれているんですか?」

「Aは『慶安太平記』を十席にまとめたものだ。最初は私は『慶安太平記』は十席でいいと思ったんだが、『俺はちゃんと連続講談をやるんだ。妥協しちゃいけない』と思い直して十九席に増やした。それがBなんだ」

そんなやりとりの後、松鯉がごく自然に「じゃあ『慶安』でもやるか」と言い出した。「やった！」という松之丞の得意満面の笑顔が目に浮かぶ。結局、松之丞の思い通りになったのだから。

「『慶安』をやっていると、正雪という人間の気持ちがすごくよくわかる。『ああ、俺は悪人が好き。それも大望を抱く悪人が好きなんだ』と気付かされました」

ただ全部覚えたから、大好きだからといって、当時まだ前座だった松之丞には『慶安太平記』をかけられる高座がなかった。

「孤独な作業でした。全部覚えたって、やるところがない。それでも『一応、身体に入れとこう』と。浅草演芸ホールの開口一番で、時間前に上がって十七分もかけて「楠木不伝闇討ち」をやってみたり、いろいろ工夫しながら無理やりやってました。寄席の前座がやることじゃないかもしれない。でも、『慶安』の由井正雪のような大きな男の話をやっていると、せせこましい前座仕事なんて、やってられなくなるんですよ（笑）」

松之丞版の『慶安太平記』で、最も印象に残るのは、「鉄誠道人」だろう。

「乞食の坊主を焼き殺して十数万両手に入れる話。エンタテインメントとして、ここまでやっちゃっていいのかな」などと言いながら、この悪のにおいがプンプンするディープな物語を、松之丞はあちこちで読んでいる。異形の姿で生まれ、暗い前半生を送った鉄誠道人は

「この世は金がすべて」という人生観の持ち主。これにつけ込んだ正雪が、「焼身自殺のまねごとをして、免罪符を売れ」と悪魔のささやきをする。正雪にとっては「軍資金集め」の一つに過ぎなかったが、鉄誠道人にとっては、一世一代の大博打だ。焼身自殺の噂が江戸中に広まり、カリスマ的な人気を得た鉄誠道人の目に狂気が宿っている。

鉄誠道人のやりきれない「熱さ」と、それを操る正雪の氷のような「冷たさ」。ぞくっとするような二人の姿を、松之丞がじわり、じっくりと、自身も熱に浮かれたような口調で描き出していく。

さまざまな悪の魅力に彩られた『慶安太平記』は、松之丞という読み手を得て、ますます暗い輝きを増していく。

村井長庵

全体のあらすじ

駿河国江尻の在の百姓家に生まれた長助は、若い頃から呑む打つ買うは当たり前、強請《ゆすり》、たかり、かっぱらいと無頼の限りを尽くして勘当され、江戸へ出た。「楽に稼げる商売を」と目を付けたのが医者。当時の医学書『傷寒論《しょうかんろん》』一冊を丸覚えし、見よう見まねで麹町平河町に「医師・村《むら》井長庵《いちょうあん》」の看板を掲げるが、すぐに馬脚を現して患者が来なくなり、結局、金に困って汚れ仕事に手を出す。国元から妹の亭主重兵衛と娘小夜《さよ》が金策に出てきたのが幸いと、小夜を吉原に六十両で売り、重兵衛を殺して金を奪ったうえ、患者の浪人に罪を着せる。その後も小夜の妹お梅を吉原に売り、妹おとせを仲間に殺させる。さらに伊勢屋の若旦那に吉原の花魁《おいらん》の身請け話を持ちかけ、金だけせしめて知らん顔を決め込む。目先の金ほしさに悪事を重ね、面白おかしく暮らしてきたが、最初の重兵衛殺しの目撃者が名乗り出て、大岡越前守の吟味を受け、磔《はりつけ》獄門に処される。

一　お小夜身売り

駿州大平村の百姓長助は十五歳で江戸に出て医者をめざし、麹町平河町に村井長庵の名で開業する。そこへ国元から妹の亭主重兵衛と娘お小夜が金策に訪れる。長庵は吉原の松葉屋にお小夜を六十両で売る。

二　重兵衛殺し

長庵は、娘を売った六十両を懐に故郷へ帰る重兵衛を札の辻で殺す。奪った金を使い果たすや、国元にいるお小夜の妹お梅をお屋敷の行儀見習いにあげると言葉巧みに連れ出し、吉原に売り飛ばしてしまう。

三　雨夜の裏田圃

長庵は、お小夜、お梅という二人の娘が心配で江戸へ出て来たおとせが邪魔になり、仲間の三次《さんじ》に頼んで吉原の裏田圃《うらたんぼ》で殺害する。三次はその後、おとせの亡霊につきまとわれ、やがて捕らえられる。

四　久八の生い立ち（上）

京都の精進料理の職人・藤兵衛《とうべえ》は妻に先立たれ、江戸の親類の元へ向かう途中、駿州岩淵村の並木の地蔵堂に一子藤松《とうまつ》を置き去りにする。男児は百姓久右衛門夫婦に引き取られ、久八として育てられる。

五　久八の生い立ち（下）

長じて自分が捨て子であることを知った久八は江戸に出て、神田三河町の質両替商、伊勢屋五兵衛に奉公する。「乞食伊勢屋」と呼ばれる吝嗇《りんしょく》家の主人のもと、久八は懸命に働き、番頭にまで出世する。

六　小夜衣千太郎——なれそめ

富澤町の古着屋、甲州屋徳兵衛の次男・千太郎が伊勢屋の養子に入る。千太郎は、質屋の正月の初寄合で商売仲間に誘われ、初めて訪れた吉原で小夜衣《さよぎぬ》花魁《おいらん》（お小夜）に惚れ、頻繁に通うようになる。

七　小夜衣千太郎——長庵のかたり

小夜衣花魁に入れ込む千太郎の前に長庵が現れ、小夜衣の身請け話を持ちかける。千太郎は五兵衛の部屋から五十両を盗んで長庵に渡すが、その後何の音沙汰もなく、まんまと金を騙し取られたことを知る。

八　小夜衣千太郎——久八放逐

千太郎から事情を聞いた久八は、今まで貯めた給金などを店に戻しておくと約束するが、主人の五兵衛が帳面を見て五十両の不足に気付く。久八は伊勢屋を放逐されるが、千太郎をかばって何もいわない。

九　小夜衣千太郎——さみだれ噺

叔父六右衛門の家に厄介になる久八を、千太郎が訪ね、「自分が家督相続した際には身代金の半分を久八に進上する」という証文を渡す。千太郎の改心を喜ぶ久八は、六右衛門に初めて真相を話す。

十　小夜衣千太郎——千太郎殺害

改心したはずの千太郎がいまだに吉原に出入りする

のを目撃した久八は千太郎をなじるが、千太郎が急死してしまう。久八は殺人の嫌疑をかけられるが、千太郎は心臓に持病があったと判明し、無罪放免となる。

十一　瀬戸物屋忠兵衛（上）

八年前、瀬戸物屋の忠兵衛は、平河天神の境内で長庵が犬を斬殺し、「二度目の殺生だ」とつぶやくのを聞く。帰宅後、隣人の藤掛《ふじかけ》道十郎《どうじゅうろう》が重兵衛殺しの罪で捕らえられたと知り、真犯人は長庵だと察する。

十二　瀬戸物屋忠兵衛（下）

道十郎の家族に再会した忠兵衛が「道十郎は冤罪だ」と漏らしたことから、大岡越前守の再吟味で、長庵は磔獄門の刑に処される。久八は伊勢屋五兵衛に真相を明かし、伊勢屋の後継ぎにと乞われる。

解説

『慶安太平記』の後に教わった連続物である。これを覚えた後、松之丞は二ツ目に昇進した。

松之丞が六代目神田伯龍の口演を聴いて「講釈の世界に入ろう」と決意した記念すべきネタだという。

伯龍の「雨夜の裏田圃」で、三次が目の不自由なおとせという女を殺して、雨が降ってきて気をとられるというシーンで感動したと思っていたのだが、入門後に「雨夜の裏田圃」のCDを聞くと、雨なんか降っていない。芸がそう思わせたと言えなくもないが、松之丞は脳内で勝手に改ざんしていたようだ。そんなこともあって、思い入れが深い。

村井長庵の殺しには、大義というようなものがない。よく言えば、江戸の閉塞感を表す殺し方。当時の江戸の庶民の中には「どうせ下っ端のやつは上に上がれないから、なすがままやろう」という、「江戸の闇」を思わせる空気感があった。

松之丞は、長庵をちょっとかっこよくやりすぎているかもしれない、本当は小悪党なのに、感情移入できるように変えているのかもと言う。殺しの場面を演じるときは、メンタル的には、登場人物、つまり犯人に入り込んでいる。

「身体にはよくないと思いますよ。落語なら、ウケるとより楽しい。よく春風亭一之輔師匠が『疲れた疲れた』なんて言いながらお客様を爆笑させていますけれど、こっちの疲れと違うだろうなと。全然モノが違う。テキスト的には同じ分量を喋っていたとしても、疲れとかストレスは違うんじゃないかなと思います」

『村井長庵』の中にある、独特の閉塞感を伴った「悪」は、松之丞の風情になぜかしっくりくる。本人も「『村井長庵』は意外とニンに合うな」と思ったという。

ただ、『村井長庵』は、ラストが締まらない。独演会で通し口演をしたときも、最後の部分はかなり変えたそうだ。台本をまとめた松鯉に「師匠、あまりにも締まらないラストじゃないですか」と聞くと、「本当は俺も、時間があれば手直ししたいんだけどな」と言っていたそうだ。

『村井長庵』は、調べに当たった大岡越前守が「こいつだけは許せない」と言った三人の極悪人の一人と言われているが、実際に大岡越前守が登場するのは、松之丞の台本では最後の一行だけなのだ。「悪事が露見しその裁きは、大岡越前守が行いました」。締まらないラストを、見事に〆たといえるのだろうか。

連続物

天保水滸伝

全体のあらすじ

天保年間（一八三〇～四四）、下総国《しもうさ》で「親分」と呼ばれた二人の侠客、笹川繁《ささがわしげ》蔵《ぞう》と飯岡助五郎《いいおかすけごろう》が血で血を洗う抗争を繰り返した。幼い頃から怪力で知られた繁蔵は、江戸へ出て相撲取りになるが、横綱と悶着を起こし、一年で故郷へ戻り博徒の道へ。たちまち頭角を現し、旅籠「十一屋」を本拠地に笹川一家を興す。その頃、博徒と十手持ちの二足のわらじで下総一帯を仕切っていた助五郎は、新興勢力の繁蔵とことごとく対立。二人は生涯の宿敵となる。

一　相撲の啖呵

下総の醸造問屋の倅、繁蔵は生まれついての相撲好き。江戸へ出て千賀《ちが》ノ浦《うら》部屋に入門するが、七代目横綱・稲妻雷五郎《いなづまらいごろう》と悶着を起こし、啖呵を切って相撲を辞め、故郷で相撲仲間と侠客一家を興す。

二　平手の破門～鹿島の棒祭り

江戸の千葉道場を酒でしくじり、繁蔵の客人になった平手造酒《ひらてみき》。禁酒の約束をして鹿島神宮へ出かける。祭礼で、ついに禁を破って居酒屋で酒を飲む平手の前に、助五郎の子分三人が現れる。

三　ボロ忠売り出し

ボロばかり着ている「ボロ忠」こと、下っ端やくざの忠吉は、親分勘吉の着物と帯と軍資金二百両を盗み、塩釜神社の祭礼の賭場に乗り込む。そして大親分・信夫《しのぶ》の常吉を後ろ盾に大勝負で勝利し、大いに男を上げる。

四　笹川の花会

助五郎は、繁蔵が開く花会（博徒などが金を集めるための会合）に、子分の洲崎《すのさき》の政吉を名代に立て五両の義理（祝儀）を託す。各親分から大金の義理が届くのを知り青ざめる政吉。だが、繁蔵の計らいで助五郎の義理は五十両と発表される。

五　潮来の遊び

質屋の息子、留次郎は堅すぎると評判だったが、同業の若旦那連中に誘われ、潮来《いたこ》宿の遊廓で女に目覚める。恋敵の助五郎の子分、もぐらの新助に絡まれたところを、笹川一家の勢力富五郎《せいりきとみごろう》に助けられる。

六　平手造酒の最期

病を得て尼寺で静養している平手造酒。利根の河原で繁蔵一家と助五郎一家の出入りがあることを知り、尼僧の制止を振り切って繁蔵方の加勢に駆け付けるが、大立ち回りの最中に喀血、命を落とす。

七　三浦屋孫次郎の義侠

助五郎は子分の甚蔵と三浦屋孫次郎に、繁蔵の闇討ちを命じる。繁蔵に恩義がある孫次郎は動揺するが、甚蔵が繁蔵を斬る。繁蔵の首を無下《むげ》に扱う助五郎に憤った孫次郎は盃を返し、笹川へ首を届ける。

解説

世相の乱れに乗じて全国各地で博徒が勢力争いを演じていた江戸末期の天保年間。下総国の大利根河原で実際にあった二大俠客の抗争事件を、当時、巡業で房総を訪れた講釈師、宝井琴凌《たからいきんりょう》が連続講談に仕立て上げたと言われる。

お上の御用も勤める顔役、飯岡助五郎と新興やくざの笹川繁蔵との大喧嘩を軸に、関八州の貸元たちの逸話や経歴、用心棒の平手造酒をはじめとする個性あふれる子分らの人間模様を織り交ぜながらの大長編は、江戸の講釈場で大きな評判を呼び、後に続く『清水次郎長伝』や『国定忠治《くにさだちゅうじ》』などの俠客講談に道を拓いた。

タイトルの一部に、中国の伝奇小説『水滸伝』が入ったわけについては諸説あり、物語の終盤、助五郎の闇討ちにより命を落とした繁蔵の仇討を誓った勢力富五郎が、役人や飯岡一家に追われて金毘羅山に立てこもり、五十数日間もお上に抵抗したこと。あるいは、新興弱小の笹川一家が、幕府の後ろ盾もある飯岡一家を破ったことなどが、梁山泊《りょうざんぱく》を舞台にした『水滸伝』の物語に重ね合わされたとも言われている。

『天保水滸伝』の人気は、明治、大正、昭和と時代を経て衰えることはなく、昭和の初めには作家正岡容《まさおかいるる》が浪曲化し、襲名直後の二代目玉川勝太郎が演じて大ヒット、「利根の川風、袂《たもと》に入れて、月に棹さす高瀬舟」の名文句、名調子は玉川派のお家芸になった。

また、浪曲師から歌手に転じて大御所まで上り詰めた三波春夫が一九五九年に歌った「大利根無情」は、『天保水滸伝』の主要登場人物である剣豪・平手造酒の姿が、浪曲調のセリフで見事に描かれている。

この『天保水滸伝』を、松之丞は芸の上では叔父にあたる一門の先輩、神田愛山から教わっている。

「人間国宝の一龍斎貞水先生の肝煎りでできた『講談伝承の会』という、一門や東西を超えて、好きな先生に稽古をお願いしたネタを発表する、僕たち若手にとってはありがたい会があるんです。僕はそれまで師匠の松鯉にだけ教わっていたので、思い切って愛山先生に教わりに行ったんですよ」

若手講釈師にとって、愛山という先輩は「孤高の人」であり「怖い人」でもあるらしい。松之丞が「思い切って」というのは、その辺の決断を言っているのだろう。

「その稽古がすごく良くて、それなら『天保水滸伝』を連続で教えてくださいとお願いしたんです。今では僕の大変な財産です」

ただ、愛山自身は、松鯉ほど連続講談にこだわってはおらず、『天保水滸伝』に関しても全編というわけではなく、これという大事な部分だけを演じていた。

「お前の師匠（松鯉）は『天保水滸伝』の連続をやらないが、『笹川の花会』は持っているんだ。俺が教えるわけにはいかないから、『花会』だけ教わってこい」

そういうわけで、松之丞が演じる『天保水滸伝』七席のうち、六席は愛山から、「笹川の花会」一席のみは松鯉に教わった。「笹川の花会」と他の六席の雰囲気が異なるのかどうかは、松之丞の高座をじっくり聞いて確かめていただきたい。

「僕の読む『天保水滸伝』は、連続講談というより、いいとこ読みのようなもの。どれも一席で十分に面白いと思いますよ」

平手造酒の暗く妖しい魅力にあふれた「鹿島の棒祭り」と「平手造酒の最期」、凛とした哀しみに包まれた「三浦屋孫次郎の義俠」など、笹川・飯岡抗争の本筋に添った物語はスリルと緊張感、暗い情念が混じった独特の輝きを見せる。

一転、お調子者のキャラクターが躍動する「ボロ忠売り出し」や、落語の『明烏《あけがらす》』に似た「潮来の遊び」など、脇筋と思える逸話の楽しさも侮れない。

「いいとこ読み」とはいえ、まだまだ『天保水滸伝』には魅力的なエピソードが隠れている。

松之丞にとって愛山は偉大な存在で、師匠の松鯉があまり手がけない読み物の俠客伝を伝えている。松之丞の今後のレパートリー拡充を期待せずにはいられない。

連続物

畔倉重四郎

全体のあらすじ

善良な父親から一刀流の剣術を受け継ぎながら、博打で身を持ち崩した畔倉重四《あぜくらじゅうし》郎《ろう》。恩人である穀屋《こくや》平兵衛《へいべえ》を斬殺したのを皮切りに、博徒の貸元と子分たち、遊び人、はぐれ者、強盗犯など、「邪魔になるヤツ、気にくわないヤツ」を次々と手にかけ、その罪を仲間になすりつけて、自らはまんまと生き延びる。育った幸手《さって》の地を売り、名前を変え、神奈川宿の旅籠の主に納まって、何不自由のない暮らしぶり。それでも時折現れる悪魔の顔を隠すことができず、またまた新たな殺人事件を起こしてしまう。重四郎の手で罪人の汚名を着せられた杉戸屋富右衛門《すぎとやとみえもん》の実子・座頭《ざとう》の城富《じょうとみ》や、江戸南町奉行大岡越前守とその配下の執念によって捕らえられたものの、お白洲で厳しい詮議を受けても、ぬけぬけと潔白を主張。入牢してもなお奸計を巡らすが、ついには刑場の露と消える。悩まず、臆せず、後悔せず、思いのままに走り抜けた悪党人生。ずぶとく、ぶれることのない悪党ぶりは魅力的ですらある。

一　悪事の馴れ初め

幸手宿の商家の主、穀屋平兵衛は、江戸で知り合った命の恩人、一刀流の剣術の達人で、好人物だった畔倉重右衛門《じゅうえもん》と倅の重四郎の世話をする。その後、重右衛門が亡くなったことから歯車が狂い出す。

二　穀屋平兵衛殺害の事

重右衛門の倅、重四郎は博打を覚え、剣術指南もおろそかに。平兵衛の娘おなみに出した恋文が穀物商仲間の杉戸屋富右衛門の手に渡る。逆恨みした重四郎が平兵衛を殺し、富右衛門に罪を着せる。

三　城富歎訴

重四郎の奸計にはまって、富右衛門は平兵衛殺しの罪で捕らえられ、拷問に耐えきれず無実の罪を自白する。富右衛門の実子、座頭の城富は、療治に呼ばれた老中安藤対馬守に父の窮地を訴える。

四　越前の首

江戸南町奉行・大岡越前守は平兵衛殺しの容疑者富右衛門を再吟味するが、結局、富右衛門は獄門に。奉行は「他に真犯人がいるならばこちらの落ち度。越前の首をやる」と城富に約束する。

五　金兵衛殺し

重四郎と遊び人の三五郎は、栗橋の賭場で貸元・鎌《かま》倉屋《くらや》金兵衛《きんべえ》を斬殺し、売上金を奪って逃げる。子分三人に追われた重四郎は、破れ堂にいた元博徒の熊坊主に金を渡し、かくまってもらう。三人が去った後、重四郎は、自分が金兵衛殺しの真犯人だと知る熊坊主も口封じのために殺す。

六　栗橋の焼き場殺し

重四郎は三五郎と示し合わせ、金兵衛の子分三人をだまし討ちにする。さらにその死骸を焼かせた弥十も殺した二人は各々旅に出る。

七　大黒屋婿入り

重四郎は富士川べりで旅籠屋兼遊女屋の後家おときと深い仲になり、婿入りして二代目大黒屋重兵衛となる。宿泊客の侍が五百両の強盗殺人犯と知り、殺して金を奪うが、遊女おふみに不審を抱かれる。

八　三五郎の再会

重四郎の旅籠に、幸手で別れた三五郎が現れる。重四郎は、三五郎を兄と騙って遊女おふみと縁付け、小間物屋をやらせるが、三五郎は商売に身を入れず、重四郎に金を無心に来るようになる。

九　三五郎殺し

次第に増長する三五郎の殺害を決意した重四郎は「品川宿で遊女屋を開くから」と三五郎を誘い出し、

鈴ヶ森で斬殺する。乞食の六が物音を聞いていたとも知らず、重四郎は何食わぬ顔で大黒屋へ戻る。

十　おふみの告白

安藤対馬守《つしまのかみ》の家来一行と共に城富が大黒屋を訪れる。城富はそこで知り合ったとおふみと夫婦になる。おふみは城富に、元夫・三五郎から聞いた、重兵衛こと重四郎の過去の悪行の数々を打ち明ける。

十一　城富奉行所乗り込み

城富は、重四郎こそが実父・富右衛門に平兵衛殺しの汚名を着せた下手人だと知り、奉行所へ訴え出る。大岡越前守は、おふみを白洲へ呼び出して事情を聞き、重四郎の詮議をするため思案を巡らす。

十二　重四郎召し捕り

大黒屋がある神奈川宿は、関東郡代伊奈半左衛門《いなはんざえもん》の支配下。越前守の依頼で大黒屋に乗り込んだ半左衛門は、宿泊客の喧嘩を偽装し、大乱闘の末、重四郎を捕らえる。まもなく重四郎は江戸へ護送された。

十三　おふみ重四郎白洲の対決

重四郎は大岡越前守の詮議にかけられる。平兵衛殺しについては富右衛門が下手人として仕置きを受けたと主張。おふみが三五郎から聞いた重四郎の悪事を証言するが、確かな証拠を示せと反論する。

十四　白石の働き

越前守の懐刀、同心の白石治右衛門は、大森で乞食に変装して探索を続け、ついに三五郎殺しの現場にいた乞食の六の証言を得る。白石の働きにより、重四郎は小伝馬町の東の大牢に入れられる。

十五　奇妙院登場

重四郎のいる牢に奇妙院晴山《せいざん》というインチキ法印が入ってくる。重四郎は何かにつけて奇妙院を励まし、拷問で苦しめられたときには牢の医者を呼んでやる。恩義に感じた奇妙院に昔の悪事を語らせる。

十六　奇妙院の悪事（上）

野州野木宿《やしゅうのぎしゅく》の名主、青木定右衛門の一人娘おはまが病死し、西光寺に葬られる。奇妙院は許婚《いいなずけ》になりすまして寺を訪れ、遺骸から平打ちの銀簪《かんざし》を盗んだうえ、口封じのため、相棒の権太を毒殺する。

十七　奇妙院の悪事（下）

奇妙院は諸国行脚の旅僧と偽って定右衛門宅を訪ね、「おはまの亡霊から簪を受け取った」と伝え、百両をせしめる。奇妙院はその後も悪事を続け、ついには捕らえられ、小伝馬町の大牢へ――。

十八　牢屋敷炎上

重四郎は、先に娑婆へ出る奇妙院に五百両の報酬を条件に「牢へ火を放って自分を逃がしてくれ」と持ちかける。牢を出た奇妙院は風の強い日、うっかり寝込んで自分の長屋から火を出し死んでしまう。

十九　重四郎服罪

重四郎の狙い通り、一時的に罪人たちが解放されたが、不審な動きを大岡越前守に見とがめられ、配下の白石に捕らえられる。重四郎の罪はすべて明らかになり、千住小塚原で磔刑に処せられた。

解説

全十九話の中で、計十一人が畔倉重四郎の手で殺されるという、悪漢講談の極みである。

「気に入らないヤツ、邪魔なヤツは全員殺す。文句あるか」という、無茶苦茶な理屈で殺伐とした人生を走り抜けた重四郎には、「唾棄すべき男」と思いながらも、全編を貫く「美学」の魅力にあらがうことができない。松之丞の師匠松鯉がこの話を連続でかけていたときに、あまりに話が陰惨過ぎるので、観客が吐きそうになったという伝説も残っている。

松之丞はこの『畔倉重四郎』いう話で、連続物の魅力を再発見したという。

ただ、長い話で寄り道も多く、そのうえ伏線や仕掛けもあちこちにあるから、どれか途中の一席だけを読むということができない。一席でもなんとかなりそうなのは、序盤の「金兵衛殺し」くらいだろう。それなら、一気に連続でやってやろうと、松之丞が決意したのが二〇一七年正月の、レフカダ新宿での連続独演会だった。

「最後の大団円の盛り上がり、すごかったです。『全部聴いたぞ』という皆さんの達成感。連続物ってこんなに面白いんだというのを、この『畔倉』で初めて知った方は多いのではないでしょうか」

松之丞は、物語の根幹部分には手を入れず、あえて淡々と、作品に身を委ねるような風情で『畔倉』を読んでいた。物語の面白さだけでも、「次はどうなる」「次はどうなる」と観客は前のめりでついてきていた。

「重四郎の悪事をおふみが目撃したことが証拠になるのですが、お客様のアンケートを見ると、『やっぱりあのときおふみを殺しておくべきだった』って、重四郎の側に立っている方が多いんです。みんな畔倉の視点というか、悪人に感情移入してしまう。まさにピカレスク。このネタはそういう意味ですごく大事なネタかもしれません」

『畔倉』の連続物らしさについて付け加えるとすれば、後半に「奇妙院登場」「奇妙院の悪事」という、本筋と何ら関係がないエピソードが挿入されているところである。これは松之丞自身も「もう何の意味もない、完全にカットしていいというところ」と指摘しているが、連続で聞くと、最後の悪漢・重四郎の悪事のすべてが遂に明らかになる前に、ちょっと一息という、絶妙な位置に「奇妙院」が登場するのである。意味はないかもしれないけれど、奇妙に面白い。連続物の楽しさを考えるとき、けっして「何の意味もない」エピソードではないのだ。

もう一つ、松之丞が指摘するのが、各席の題名の素晴らしさだ。一話目が「悪事の馴れ初め」で、二話目が「穀屋平兵衛殺害の事」。以下、「金兵衛殺し」「栗橋の焼き場殺し」「三五郎殺し」と、延々「殺し」が続くアナーキーさ。そして「奇妙院登場」と「奇妙院の悪事」となり、さらに大団円は「牢屋敷炎上」という、まるでハリウッドのスペクタクル映画のようなエンディングタイトルである。これほど心惹かれるタイトルが並んでいるのに、内容は陰惨の極みだったりする。大岡越前守が「こいつらだけは許せない」と言った悪党三人が、徳川天一坊、村井長庵、そしてこの畔倉重四郎だったという。人間のスケールとしては天一坊に及びもつかないが、記憶に残る悪党と言えるかもしれない。

連続物

天明白浪伝

全体のあらすじ

天明年間（一七八一〜八八年）、浅間山噴火による大飢饉の影響や、田沼主殿頭《たぬまとのものかみ》意次《おきつぐ》の悪政のため、庶民の生活は困窮し、不穏な社会を反映して江戸八百八町の治安は大いに乱れていた。市井には大小さまざまな盗賊が横行していたが、その中で際立っていたのが、幕府役人や旗本の屋敷ばかりを荒らし回った大泥棒・神道徳次郎《しんどうとくじろう》の率いる一党だった。学問も度胸もある徳次郎を首魁に、二枚目で大胆不敵な稲葉小僧新助《いなばこぞうしんすけ》、度胸満点だが女には弱いむささびの三次、名優市川八百蔵《やおぞう》にそっくりの色男・八百蔵吉五郎《きちごろう》ら、一癖も二癖もある泥棒たちが、あるものは義理人情に縛られ、またあるものは男の意地を賭けて犯行を続けるが、お上の探索は日に日に厳しさを増し、一党は江戸を逃れ、それぞれが盗みを繰り返しながら西へ西へと流れていく。徳次郎一党はついに長崎で一堂に会し気勢を上げるが、丸山の遊廓で捕り手に囲まれ、一世一代の大立ち回りを演じることになる。

一　徳次郎の生い立ち

十五歳の神道徳次郎は、ある日市中引き廻し中の罪人、天狗小僧霧太郎を見かける。磔にされる義賊の大泥棒へ、泣きながら手を合わせる庶民の姿を見て、「太く短く世を送ろう」と決心。剣術と易の師匠の家に盗みに入る。

二　稲葉小僧

大名屋敷ばかりを狙う稲葉小僧新助。佐賀鍋島藩の江戸屋敷に忍び込んでしくじり、手負いのまま吉原遊廓へ潜りこんだが、取り方に追われ、神道徳次郎の元へ。徳次郎の手引きで八王子へと逃げる。

三　金棒お鉄

因業ババアの金棒お鉄が貧乏長屋に借金の取り立てにくる。借り手の亭主が病気でも無法な金額をむしり取ろうとする非道なやり口に怒った大家や店子たちから反撃をくらい、這《ほ》う這うの体で逃げ帰る。

四　むささびの三次

稲葉小僧新助は兄弟分のむささびの三次を誘い、麻布古川の祥香寺《しょうこうじ》の住職を殺して八十両を山分けする。鍛冶屋の女房お時《とき》といい仲の三次は、お時《とき》の亭主に襲われるが逆に撲殺、お時《とき》も巻き添えで死ぬ。

五　むささびの三次〜召し捕り

むささびの三次は金棒お鉄が営む女郎屋へ上がるが、これを怪しんだお鉄に通報され、捕まって獄門になる。後日、稲葉小僧が女郎屋に押し入りお鉄を斬殺する。

六　悪鬼の萬造

泥棒仲間の半助と萬造《まんぞう》は、上総屋長兵衛（実は神道徳次郎）の世話で遊女屋を始めるが、萬造の遊びが止まず、半助は店を閉める。徳次郎の説教に怒った萬造は番所へ駆け込み、徳次郎の正体をばらす。

七　首無し事件

四十歳を過ぎて女を知らない小間物屋十兵衛と、浜松の質商・四方田《よもだ》屋の小町娘おもよとの祝言の日、首無し死体のおもよが発見される。侍姿で旅を行く神道徳次郎と稲葉小僧新助が事件の謎を解く。

八　八百蔵吉五郎

呉服問屋の若旦那が両国の水茶屋の娘お花に惚れ込み、父親も認める仲となる。実は若旦那は、盗っ人八百蔵吉五郎の仮の姿であり、追っ手が迫っているのを知った父親は、娘の気持ちを察し二人を逃がしてやる。

九　岐阜の間違い

神道徳次郎と稲葉小僧は大垣の大尽屋敷に忍び込み、二百五十両を盗むが、茶店の爺さんが巻き添えを食って牢屋に入れられる。二人は地雷火で牢屋を焼き

―払い、爺さんを助け出して二百両を恵んでやる。

十　大詰め勢揃い

―江戸を追われ大垣まで来た神道徳次郎とその一味は大坂へ逃れるが、そこにもいられず、船で長崎へ乗り込んだが、手配書が当地まで回っていた。勢揃いした悪党連中が、丸山遊廓を舞台に大立ち回りを演じる。

解説

松之丞が『畔倉重四郎』とほぼ同時進行で師匠松鯉の稽古を受けた連続物だ。天変地異が続き、政情不安に揺れた天明時代に活躍した神道徳次郎一派の物語。当然のことながら、出てくるのは泥棒ばかりで、個性豊かな群盗の銘々伝のようなもので、連続物ではあるが、一席一席が独立しているようにも感じる。抜き読みにしても、十分に楽しめる。泥棒たちのエピソードもバラエティに富んでおり、世話講談の一級品と言えるだろう。

師匠の松鯉が二代目山陽から譲り受けたとき、『天明白浪伝』は全部で八話しかなかった。「連続物なんだから、せめて十話はほしい」と、松鯉は高い洋酒を持参して、六代目一龍斎貞丈《ていじょう》から「八百蔵吉五郎」を、田辺一鶴《いっかく》の弟子だった田辺波浪《はろう》から「徳次郎の生い立ち」を仕入れ、十話の連続講談にしたという。

第一話の「徳次郎の生い立ち」を、姉弟子の阿久鯉《あぐり》がよく高座にかけていた。だから、松之丞は『天明白浪伝』を「阿久鯉シリーズ」と思っていたという。もっとも、最近は、阿久鯉より、松之丞の方が口演回数が多くなっているようだ。

刑場に引かれていく義賊・天狗小僧霧太郎を見て、沿道の庶民が皆、頭を下げ、涙を流している。徳次郎が「なぜ?」と聞けば、「あれはいい泥棒なんだ、俺たちに金をくれたんだ」と言う。「じゃあ俺も泥棒になってみようか」と徳次郎は堅気を捨て、「まず金を盗むんだったら誰からだろう」と考える。「こういうときは自分がお世話になっている人からあえて盗むんだ」と、これが大泥棒・神道徳次郎の初仕事になる。短いけれど、よくできている。

次の「稲葉小僧」は松之丞の思い入れの強いネタだ。二代目山陽の命日、松之丞が松鯉に入門を願った日に、上野広小路亭の定席で松鯉が演じたのが「稲葉小僧」だった。客席にいた入門前の松之丞は「前(客席)から観られるのはこの『稲葉小僧』が最後だな。このネタを聴いたら、入門を願いに行こう。許してもらえるのかな」などと揺れる心を抑えながら聴いていたので、話が全然頭に入ってこなかったという。「稲葉小僧」は最初シリアスで、最後に滑稽味が加わるのが楽しい。

「金棒お鉄」も好きなネタだという。前半に仕込みがあって、後半、ちゃんとオチがある。主人公のお鉄のキャラクターがやたら面白く、長い物語の中で一番の滑稽編になっている。もちろん松之丞が脚色したものだが、元々の台本でも、お鉄は十分に面白い存在だった。たぶん大師匠の二代目山陽がこしらえたキャラクターなのだろう。

さっそうとした悪漢姿と、その正反対の間抜けぶりが混ざっているのが「むささびの三次」。名人錦城斎典山の台本では、「むささび」ではなく「いたちの三次」だった。大師匠の二代目山陽が「むささび」に変えたらしい。なぜ変えたのかというと、「かっこいいから」という理由らしい。当時の感覚というより、山陽のセンスでは「むささび」のほうがかっこよかったのだろう。

「悪鬼の萬造」は、松之丞が講談師になってから池袋演芸場で師匠松鯉のものを聴き、「鳥肌が立つほどよかった」という。そこまでの話ではないと思うが、松鯉の芸に引き込まれた。「うちの師匠のベストテンに入るぐらい、いいネタでした」。でも、自分がやってみるとダメ。なかなか師匠のようにはできないという。

『天明白浪伝』の中でも異色のエピソードである「首無し事件」。非常に現代的で、ミステリーもどきの物語。侍姿の徳次郎と稲葉小僧が、名探偵ホームズと相棒ワトソンのようにも見える。大師匠・山陽の音源が残っているが、この話は、全面的に、大師匠の匂いがぷんぷんするという。

「八百蔵吉五郎」は恋愛の話だ。女流の講談師だと女性目線でいけるのだろうが、松之丞はそうはいかない。八百蔵の視点、泥棒の視点で、粛々と読んでいく。だから視点がふつうの「八百蔵吉五郎」とは違うかもしれない。恋愛経験に乏しい（?）松之丞は、途中でふざけてしまう。茶屋で、おしゃべりな女が出てくるくだりで、笑いをとる方向に舵を取ってしまうのだ。「ただ、女性の観客の中には不愉快だという人もいるでしょう。『真正面から取り組んでほしい』というような視線を感じることがあります」。

「大詰め勢揃い」は、大立ち回りがあって面白いが、「大団円」だと考えれば、やや雑な締めくくりといえるだろう。勢揃いした徳次郎一党の中には、それまでの九話にまったく出てこない人物まで混ざっている。よく考えれば、「八百蔵吉五郎」で吉五郎と一緒に逃げたはずのお花も、その後、まったく本編に登場していないのである。昔から連続物は、最初と最後はあまり面白くないという伝説があるという。

連続物

徳川天一坊

全体のあらすじ

「我は八代将軍徳川吉宗の御落胤《らくいん》である」と名乗り出た徳川天一坊。実は紀州和歌山の修験者の弟子・改行《かいぎょう》だった。早逝した御落胤が自分と同年同月同日の生まれと知り、身寄りの老婆を殺して証拠の品を奪った上、師匠の修験者も毒殺し、自分も死んだと偽装して、天一坊に成り変わる。熊本の商家で軍資金三百両を稼いだ後、器量人の軍師・山内伊賀《やまのうちいが》之《の》亮《すけ》、謀略家の天忠坊日真《てんちゅうぼうにっしん》ら名だたる悪漢共を配下に加え、途中、大坂城代、京都所司代らを丸め込んで、勇躍、江戸へ乗り込む。まんまと老中筆頭松平伊豆守の信用も得たが、ただ一人、南町奉行大岡越前守だけが天一坊の顔に悪相が現れていることから強い疑念を抱く。自らの職と生命を賭して再調べを願うが、敵の軍師・伊賀之亮の知略のためにことごとく論破され、問答にも敗れる。それでも挫けず配下を紀州に派遣して執念の探索。ついに「天一坊は偽者」との確証を得て、「将軍との親子対面」の直前に、一味を一網打尽にする。

一　名君と名奉行

紀州公・徳川光貞《みつさだ》の四男、吉宗は幼少時から手のつけられない暴れん坊。殺生禁断の阿漕ヶ浦で魚を獲り、若き日の大岡越前守に諫《いさ》められるが、八代将軍となった後、大岡を江戸町奉行に取り立てる。

二　天一坊生い立ち

紀州平野村の修験者・源氏《げんじ》坊《ぼう》改行は、老婆おさんの死んだ孫が、実は将軍の御落胤であり、自分が同年同日の生まれだと知る。おさんを殺して証拠の品を奪い、師匠の感応院も毒殺して、悪魔の計画を胸に村を出る。肥後熊本で商人となり、二十歳のとき明神丸に乗り江戸を目指すが、嵐に遭い、改行だけが助かる。

三　伊予の山中

船が転覆し、改行が命からがら転がり込んだ伊予山中の一軒家は山賊の隠れ家だったが、御落胤を名乗り、悪漢共を家来にしてしまう。

四　常楽院荷担

新たな家来たちに「自分は偽者だ」と明かした改行は、美濃国長洞村《ながほら》の常楽院《じょうらくいん》を訪ね、生臭《なまぐさ》坊主の天忠坊日真を味方に引き入れる。天忠坊は弟子の天一坊を絞め殺し、同年輩の改行に天一坊を名乗らせる。

五　伊賀之亮の荷担

天一坊は、常楽院を訪ねてきた元九条関白家の臣、山内伊賀之亮に正体を見破られる。天一坊は武芸百般から有職故実《ゆうそくこじつ》まで、知らぬものはないという伊賀之亮の器量を買い、一味の軍師役を任せる。

六　大坂乗り出し

軍師・伊賀之亮は「江戸に出る前に、大坂と京で地固めを」と、大坂で借りた屋敷を物々しく改装し、「徳川天一坊御逗留の宿」とした。大坂城代、土岐丹後守が伊賀之亮と天一坊を大坂城に呼び、直接取り調べる。

七　伊賀之亮と土岐丹後守

伊賀之亮は大坂城代土岐丹後守の調べに淀みなく答え、江戸表からも「上様の覚えあり」との報が入った。天一坊一行は、大坂でも京でも「将軍御落胤」として丁重に扱われ、勇躍、江戸へ向かう。

八　越前登場

江戸・品川の仮御殿に入った天一坊一行。翌日、老中筆頭松平伊豆守の役宅で調べを受けるが、同席した南町奉行大岡越前守は、天一坊と家老役の赤川大膳に悪相が現れているのに気付き、強い不信感を抱く。

九　越前閉門

天一坊に疑念を抱く越前守は、将軍吉宗に、再度の取り調べを願い出るが、「老中の調べを蔑《ないがし》ろにした」と伊豆守の不興を買う。再調べの意図が正しく吉宗に伝わらず、越前守は閉門を言い渡される。

十　閉門破り

閉門の沙汰を受けた越前守は、天一坊の再調べを実現させるには水戸中納言に頼るしかないと覚悟を決める。越前守は死人を装い、家来の中間になって葬礼を仕立てて屋敷を脱出、水戸屋敷へと急ぐ。

十一　水戸殿登城

越前守から閉門の仔細を聞いた前中納言《さきのちゅうなごん》綱條卿《つなえだきょう》は、夜が明けるのも待ちきれずに登城し、吉宗を問いただす。「天一坊に悪相がある」と初めて知らされた吉宗は、越前守の閉門を許し、天一坊の再調べを命じる。

十二　天一坊呼び出し

越前守の家臣、白石治《しらいしじ》右《え》衛門《もん》が八ツ山の天一坊の滞在する旅館に出向き、越前守役宅での再調べを通告する。当日、越前守は天一坊らを囚人のように扱うが、伊賀之亮に「挑発に乗るな」と釘を差されている一行は動じない。

十三　網代問答

再調べの場で、越前守と伊賀之亮が対決。「宮様の乗り物である飴色網代《あめいろあじろ》蹴出しの駕籠になぜ乗った」などの越前守の厳しい追及を、伊賀之亮はことごとく論破してのける。問答に敗れた越前守は、紀州探索を決意する。

十四　紀州調べ〜加納より紀州着

越前守は紀州屋敷で天一坊の母・沢野の奉公先、加納家の当主に事情を聞いた後、病気届を出して公儀を休む。その間に紀州調べをすべく、配下の白石治右衛門と吉田三五郎を早駕籠で紀州和歌山へ向かわせる。

十五　紀州調べ第一日

白石、吉田の二人はまず、沢野の身元引受人を尋ねるが、当時の台帳は焼失していた。だが、沢野と親しかった女中菊乃井《きくのい》が、奉公人仲間の治助から、おさんのすまいが平沢村であることを聞き出す。

十六　紀州調べ第二日

平沢村の古老が、沢野が実家で出産後に死亡、御落胤も早逝したと証言。また、天一坊の素性が平野村の修験者・改行と判明した。天一坊の顔を知る名主新右衛門と飯炊きの伝助を連れ、白石と吉田は江戸へ急ぐ。

十七　越前切腹の場

紀州調べの仔細が知れぬ前に、松平伊豆守から越前守へ「病気全快の上はすぐに登城を」との命が下る。進退窮まった越前守が今まさに腹を切ろうとしたとき、紀州からの早駕籠が到着、「天一坊は偽者」との報が届く。

十八　伊豆味噌

越前守は天一坊の正体を吉宗に報告。その際、天一坊を調べた大坂城代、京都所司代、老中らの面目を保とうと配慮し、伊豆守を感服させる。越前守は偽の「親子対面」の儀を催し、一味を一網打尽にする計略を立てる。

十九　龍の夢

仮御殿での能観劇の際、居眠りをした天一坊は、自身が龍になる夢を見る。夢判断をよくする臣下の大森弾正は吉夢だと言うが、伊賀之亮は天一坊の顔に死相が出ているのを観て、悪事の発覚を悟る。

二十　召し捕り

吉宗との「親子対面」を果たすため、天一坊一行は意気揚々と越前屋敷に出かけるが、証人と証拠を突きつけられて観念する。天一坊は獄門に処され、八ツ山に残った知将・伊賀之亮は、かねて覚悟の切腹をする。

解説

数ある大岡政談の中でも、極めつけの傑作とされる『徳川天一坊』。越前守が死を賭してまで取り調べに及ぶのは、この事件だけである。

目先の金銭や道具類などを失敬しようという小悪ではなく、「天下を盗み取ろう」という大きなスケールの犯罪だけに、登場する悪党も選りすぐりだ。泥棒、詐欺師、山師など、個性豊かで、魅力的な大悪人が揃い踏みをする。

幕末に初代神田伯山《はくざん》が連続で読んだ『天一坊』は大評判で、寄席は連日大入り続き。「伯山は天一坊で蔵を建て」と、当時の川柳にまで詠まれている。今日の『天一坊』は、もちろん、この伯山版が元になっている。

ミステリーの大御所・江戸川乱歩は、二代目山陽の『天一坊』を寄席で聴いて、「講談とは何と面白い芸であるか」「ミステリーとしても一流」だと驚いたと、二代目山陽本人が、弟子たちにうれしそうに語っていた。

自明のことかもしれないが、天一坊事件は、実話が元になっている。享保十四年（一七二九）、当時三十一歳の天一坊改行は、「偽落胤一件」で死罪獄門に処されたが、実際の取り調べを行ったのは大岡越前守ではなく、関東郡代、伊那半左衛門《いなはんざえもん》だった。いわゆる「越前案件」ではなかったのである。

『畦倉重四郎』と『村井長庵』を手に入れた松之丞は、一瞬、『旗本五人男』に浮気しかけたが、思い直して、この『徳川天一坊』の稽古を願ったという。

「大岡越前が『畔倉重四郎と村井長庵と天一坊だけは、八つ裂きにしても飽き足りない』と言ったというけど、『三政談』の中で『天一坊』というのは、圧倒的にかっこいい。スケールの大きさというか、ワクワク感というか、大物感がある。やっぱり『天一坊』ですよ」

松之丞が前座時代、師匠の松鯉が、上野公園内にある東京文化財研究所で連続物の講談を録音するという作業が始まった。松鯉は「まず自分の録音を残すならこれだな」と、『天一坊』から読み出した。その記念すべき高座に、まだ右も左もわからない前座の松之丞が毎回ついて行ったのである。

「そのときの記憶が非常に強いんですよ。うちの師匠が六十五、六歳のときの『天一坊』のイメージが。師匠の高座を聴きながら、『難しいなあ。いつか俺、これやんなきゃいけないのかな』と、自分がやるときに手に負えない感じにふけっていました。『いやそうじゃない、これは物語の筋を読んでいくだけで、充分成立する話だ』と気づいたのは、やっぱり、やり始めてからです」

実際に演じてみて、何がどのように面白いのか。

「まずは『名君と名奉行』。大岡と吉宗の関係性とか、未熟な時代の話って面白いですよね。そして『天一坊の生い立ち』は、天一坊が船に乗って肥後熊本から江戸に出て来るところ。うちの師匠の録音が残っていますが、僕は生で聴いていています。もう、本当に嵐が見えるというか、大きな声は出していないのですが、荒波に揉まれて大変なことになっている船中の様子とか、今でも鮮明に覚えてます。それぐらい当時は衝撃的だったんでしょう。あと、天一坊が嵐に向かって祈る場面。『悪魔の神々よ』という言い方は、ハッとしますよね。近代の芝居の匂いもする。『畔倉』などに比べると、ちょっとハイカラな感じですね。『伊予の山中』は、うちの師匠は漫画的で苦手だと言うんですけど、高座ではウケてた記憶があるんです」

全部で二十席ある『天一坊』。松之丞の稽古は中盤あたりに差し掛かったぐらいだろうか。

「覚えにくいかなと思ったら、意外にそんなことなくて、めちゃくちゃ覚えやすい話です。まだ稽古の途中なのでわかりませんが、『網代問答』などは言い立てがあるので、覚えるのに苦労するかもしれません」

神田愛山は「『講談というのは、つまり天一坊のことだ』と言っても過言ではない」と言う。この言葉を受けて、松之丞はマクラで「僕は過言だと思います」と言って笑いを誘うことがある。

「まあ、他にもいろいろありますからね。でも、『天一坊』はダイナミックで面白く、講談の連続物の良さというものを一番良く表しているというのは、事実だと思います」

『天一坊』の稽古が終われば、『畔倉重四郎』『村井長庵』と合わせて、松之丞は「三政談」のすべてを掌中に収めたことになる。

「僕は『天一坊』が終われば真打だな、と思っているんです。世間が何と言うか協会が何と言うか知らないけど、『天一坊』をマスターして、三政談が全部揃ったら自分は真打になっていいというような意識です」

講談人生も十年余り。次々と連続物を制覇し、長い長い道すじの前方に光が見えてきた、と松之丞は感じ始めている。

一席物・赤穂義士伝

赤垣源蔵徳利の別れ

あらすじ

赤垣源蔵《あかがきげんぞう》は馬廻り役で二百石。生来の酒好きだけに、お家大事の後は、酒に酔っては路上に寝るなど酒乱を装い、敵の目を欺いている。源蔵の兄で脇坂家の家来、塩山伊左衛門は、弟の志を知り小言を言わぬが、伊左衛門の妻は源蔵を嫌い、奉公人までも源蔵を軽んじる。卍巴《まんじどもえ》と降りしきる雪の中、千鳥足の源蔵が塩山家を訪れる。兄は留守だが屋敷に上がり込み、兄の紋付の前に持参した徳利酒を置き、まるでそこに兄がいるような様子で話しかけ、涙ぐみつつ、一人、酒を飲む。そして下女のおたけに「暇《いとま》乞いに参ったが、お目にかかれず残念」と託《ことづ》けて雪中を帰っていく。翌朝、吉良邸討ち入りの報を聞いた伊左衛門は、老僕の市次を様子見に出す。市次は仇討ちから引き揚げる義士の中に源蔵の姿を見出し、万感の思いで声をかける。源蔵は晴れやかな顔で兄とその家族、奉公人への形見の品を市次に託し、泉岳寺へ向かった。市次から様子を聞いた伊左衛門は、昨夜源蔵が持参した貧乏徳利に話しかける。

解説

「『義士伝』は『別れ』がテーマだ。義士伝の中にはあらゆる別れのエッセンスがある」と神田愛山のマクラで聞いてから、松之丞はがぜん、『赤穂義士伝』が好きになったという。

「ああ、それでみんなこんなにこの話が好きなんだって、腑に落ちたんですよ。もちろん『別れ』がすべてを包んでいるとは思えませんが、みんなが義士伝を好きな理由が納得できたんです。それからどんどん好きになっていきました」

『義士銘々伝』の中で、『赤垣源蔵徳利の別れ』は一、二を争う人気演目である。当然ながら口演回数も多く、ベテランから若手まで、あらゆる講談師が手がけているが、松之丞は「シンプルに読むのが一番いい」という。

「以前、僕は、源蔵が兄貴の羽織の前でとくとくと昔の思い出を語る場面を、あれこれ創作してやっていたんですが、『これ、いらないな』と気づきました。実際に高座で試した上で、そう思ったんです。もちろん、延々と思い出話をしてもいいのですが、それよりも、源蔵がふわっと現れて、ただニコッとして、すっと帰っちゃうという方が、印象に残るんじゃないかと。だから、短くやった方がいい。『赤垣』は『義士伝』の中でも相当短くやれる話だと思います」

マクラの中で、松之丞は『赤垣』を持ち出すことがある。「講談のウソ」について語るときだ。

「赤垣には兄貴なんかいないし、酒飲みどころか、まったくの下戸で、名字も『赤埴《あかはに》』が本当なんです。そのうえ、赤垣が来た日に、雪は降っていない。つまり講談というのは、一パーセントの『本当』があれば、残りの九九パーセントは脚色していいんだと。でも、そこに兄弟の情愛が描かれていれば、それは真実なのです」

　これが、マクラで語られる松之丞の講談論だ。「講談はフィクションというか、その脚色の部分こそが命である」という持論を語ろうとすれば、『赤垣』を例に出すのが一番わかりやすいのだという。

「別にみんな、本当のことは求めていないんですよ。もちろん、そこに本当があればいいんだけれど、こうした創作があるから、ここまで後世に伝わるんだということを証明する、リトマス試験紙みたいな話だと思うんです」

『義士伝』の中にあるさまざまな別れの中でも、『赤垣』の「兄弟の別れ」はしみじみと心に残る。

「仲のよくない兄弟に別れを告げに行くというシチュエーションは、グッときますよね。私にも普段は会う機会が少ない兄弟がいるのですが、兄弟がいるいないにかかわらず、みんなグッとくるはず。その辺が人気の秘密なのでしょう」

勝田新左衛門

あらすじ

牛込改代町の公儀与力・大竹重兵衛《おおたけじゅうべえ》は、友人の堀部弥兵衛《ほりべやへえ》が有名な豪傑・中山安兵衛《やすべえ》を娘婿にしたのが羨ましく、一人娘の光《みつ》の婿探しに奔走していたところ、浅野家の行列を妨げようとした侍二人を成敗した勝田新左衛門《かったしんざえもん》に目をつける。弥兵衛の仲介で、新左衛門に光を嫁入りさせて大喜びの重兵衛だったが、数年後、浅野家の一大事のため、光と孫の新之助を預かることに。新左衛門は、国元へ参じたまま音信が途絶えていたが、元禄十五年（一七〇二）十二月十三日、重兵衛は両国橋の上で大根売りをしている新左衛門と再会する。重兵衛は、新左衛門を叱りつけ、改めて屋敷へ来いと命じる。翌日、立派な身なりで重兵衛の屋敷を訪れた新左衛門は「仙台侯に二百石で抱えられた仕官」というが、重兵衛は「なぜ仇討ちをしない」と怒る。翌朝、吉良邸討ち入りの読売を読んだ重兵衛は、義士の中に新左衛門の名前を見つけ、泣きながら前日の叱責を恥じる。光は新左衛門から託された離縁状を返し、髪を下ろして菩提を弔うと誓う。

解説

師匠の松鯉から『安兵衛駆け付け』を教わった松之丞が、次に覚えた『義士伝』がこの話だ。「お前はもっと口調をきれいにしなさい。これは一言一句変えるな」と先輩の愛山に言われ、稽古をしてもらったという。

「愛山先生の言う通り、口調付けのために習ったネタです。『義士伝』は唄い調子で読まなければいけないということで、これはすごく勉強になりました」

序盤の婿取り騒動で笑わせ、両国橋での再会でしんみりとなり、湯屋の場面でまた賑やかになる。一つの話ではあるが、途中数回の「転調」がある。義士である新左衛門は、常に舅である重兵衛の視点から描かれるというのだから、若手にとっては勉強のしがいがあるネタに違いない。

新左衛門、重兵衛、八重という三人の主役が、それぞれの立場での、「別れ」へ思いをにじませるラストが印象的だ。

安兵衛駆け付け

あらすじ

越後新発田《しばた》の浪人、中山安兵衛は念流の達人で、名うての酒豪。江戸へ出て、京橋に浪宅を構え、喧嘩と見ては仲裁して酒代を稼ぐことから「呑兵衛安」「喧嘩安」の異名を取る。安兵衛のおじ、菅野《すげの》六郎《ろくろう》右衛門《えもん》は松平家の指南番だったが、これに遺恨を持つ村上兄弟と高田馬場で果たし合いをすることになり、命を捨てる覚悟をする。いつものように酔って帰宅した安兵衛は、果たし合いを告げるおじからの手紙を読んで驚いた。赤鞘《あかさや》の大小を摑んで京橋から高田馬場まで、千里一時虎の子走りで駆けつけるが、二十数人という多勢を相手にした六郎右衛門は奮戦も虚しく討ち死にし、郎党ともどもすでに息絶えていた。安兵衛は、見物の女性から渡された扱《しご》き帯を襷《たすき》にし、「おのれ、おじの仇！」と躍りかかる。当たるを幸いなぎ倒し、たちまち十八人を斬って捨てた。血染めの一刀を拭った安兵衛は、近くの酒屋へ飛び込み、五合枡に三杯の酒を息もつかずに飲み干すのだった。

解説

松之丞が師匠松鯉から最初に教わった『義士伝』だという。

「僕から『安兵衛』をつけてくださいって頼んだのだと思います。二ツ目に昇進して、これはまあ、前座でもやっていいようなネタなので、『安兵衛駆け付け』を教わったんです」

なるほど、全編、勢いで読むべきネタだから、伸び盛りの若手には格好の武器になるはずだ。しかし『駆け付け』の場面は、ただ早口で喋ればいいというわけではなく、文字通りの「疾走感」を出さねばならない。松之丞の特徴である高座からの「圧」が目に見えるようなネタなのである。

安兵衛は、「おれは三十になったら、立派な者になる！」と、何の根拠のない展望を、自信たっぷりに何度も口に出す。「てめえなんか、喜怒哀楽、全部ババアじゃねーか！」と隣家の老婆に罵倒の限りを尽くし、お櫃《ひつ》の飯を平らげる。

「三十で立派な者に、とつぶやかせているのは私の創作ですが、放蕩の主人公の運命の歯車がまわり出す前のモラトリアムな期間と捉えると、さらに味わい深いと思います」

こんな奴が隣りにいたら迷惑千万だろうと思いながら、思わず引き込まれて「頑張れ、まだ仇討ちに間に合うぞ！」とついつい声援を送ってしまうのは、不遜きわまりないのに、不思議な愛嬌があるからだ。そしてこいつぐらいの腕と自信があれば何とか事態を打開してくれるだろうと期待してしまう。

我々観客は、話の中の若き安兵衛と、演者である松之丞をダブらせて『安兵衛駆け付け』を楽しんでいるのだろう。

幽霊退治

あらすじ

浅野家中で「一徹短慮の粗忽者《そこつもの》」として知られる不破数右衛門《ふわかずえもん》。芝居や勝負事などは一切知らず、唯一の趣味は刀剣類だ。刀屋・杉本屋で手に入れた無銘の刀を試したいので、おこも（乞食）に「早く死んで生まれ変わったほうがいいのではないか」と声をかける。冗談だと思って相手が「さようでございます。早く死にたいですわ」と答えるや、数右衛門は本当に刀を抜いたので、おこもは立ち上がって一目散に逃げた。以後、城下からおこもが消えたという。その後、中間（武家の召使）の市助《いちすけ》が「お化けが出る」と怖がるので、数右衛門は原因と思われる最近死んだ知人の墓を掘り起こし、死体を細切れに斬りまくる。「これならもう、お化けになって出やしまい」。死体を掘り起こした際に使った鍬《くわ》から足が付き、数右衛門は棺場破りの重罪に問われるが、浅野内匠頭のお気に入りだったので、「死罪にした」という体裁で追放処分になる。数右衛門は浪人になった後も恩を忘れず、大石内蔵助に願って仇討ちの仲間に加わる。

解説

松之丞は『勝田新左衛門』と同様、『幽霊退治』も神田愛山に教わった。大師匠の二代目神田山陽の持ちネタだが、珍品過ぎて誰にも教えられず、晩年、なぜか愛山だけに教えている。話の中におこもが登場するが、二代目山陽は愛山に「君は乞食がうまいね」と言ったという。嫌なほめ方だ。

そういうわけで、山陽没後、『幽霊退治』の演じ手は、しばらく愛山しかいなかった。その珍品を松之丞が貰い受けたことになる。

「死体をメッタ斬りにしたり、何とも不思議な話ですが、どこか面白いんですよ。愛山先生はもう少し硬めにおやりになっているけど、僕は滑稽なネタのつもりで、構成したつもりです。お客さんも結構、喜んでくださっています」

不破数右衛門の話というと、浪曲でも演じられる『芝居見物』のほうが知られている。これは朴念仁《ぼくねんじん》の数右衛門が芝居を見に行って、舞台上で演じられる物語を現実だと思い込み、挙句、怒って舞台に殴り込むという、何ともバカバカしい逸話である。もっとも、松之丞は「僕はやっぱり『幽霊退治』のほうがくだらなくて好きです」と言う。

二つのネタの「バカバカしさ」度を比べたくなるように、数右衛門が主役になると荒っぽいエピソードばかりが目立ってしまう。彼の名誉のために言えば、吉良邸討ち入りの際、四十七士の中で最も多くの敵を倒したのは、この数右衛門なのだということを記しておこう。当夜の活躍を物語るように、数右衛門の刀と着物はボロボロだったという。

荒川十太夫

あらすじ

久松隠岐守《おきのかみ》の家臣で、五両三人扶持の荒《あら》川十太夫《かわじゅうだゆう》は、剣術の腕を買われて、吉良邸討ち入りの義士、堀部安兵衛の切腹の介錯人に抜擢された。その当日、安兵衛から「閻魔《えんま》の庁の土産話に」と名前と役職を問われ、十太夫は一瞬絶句した。馬廻《うままわり》役、二百石の安兵衛の介錯人が軽輩者の自分では失礼だろうと思い、「物頭《ものがしら》役、二百石です」と偽りを言ってしまう。十太夫はその後もずっと、ウソをついた自分が許せず、毎年、義士の忌日には「物頭役」になりすまし、泉岳寺に内職で貯めた御経料を収め、安兵衛の墓に詫びていた。ある年、物頭役の衣装を着た十太夫の姿を、久松家の重役に見られてしまい、問い詰められ、当主の前で真実を明かす。十太夫は切腹を申し出るが、「忠義の義士への言葉を偽りにせぬように」という当主のひと声で、本物の物頭役に任ぜられる。十太夫は安兵衛の墓前に再び参拝し、出世の報告をする。

解説

色恋も剣戟もなく、大きな事件も起こらない地味な展開だが、有名無名の武士の矜持と心情がしみじみと伝わってくる。膨大な『義士伝』の中から、宝物のようなこの物語を見つけたのは松之丞の師匠松鯉である。

「昭和の初めに出た講談全集の一巻『赤穂義士外伝』に収録されていました。何かの縁があるのかな、演者は先代松鯉でした。いい話だなあと思って、先代の演出通りに演じ、松之丞にも先代のまんまを教えたんです」と松鯉は言う。

松鯉同様、真っ向勝負で熱演する松之丞。

「これを初めて聴いたとき、筋がいいなと思いました。素晴らしくマニアックなんだけど、いい話です。寄席の興行でも恐れず演ってみようと思います」

講談には同工異曲の『小田小右衛門《おだこえもん》』があり、九十五歳で没した浪曲師・五月一朗《さつきいちろう》も『誉れの三百石』の題で演じているが、今も昔も、演じ手の少なさに変わりはない。松之丞という気鋭の演者を得て、『荒川十太夫』というネタが、ぐっと若返った。

大高源吾

あらすじ

吉良邸討入りの日の夕方、歳末のすす払い用の「すす竹」売りに身をやつした大《おお》高源吾《たかげんご》は、両国橋で偶然に俳諧仲間の師匠、宝井《たからい》其角《きかく》と会う。其角は、源吾の身なりを見て、もう会うこともあるまいと自分の羽織を与える。そして、「最後に付け句を」と、橋の上から隅田川の流れを見ながら、「年の瀬や水の流れと人のみは」と詠む。源吾は「あした待たるるその宝船」と返した。「源吾は俳諧に造詣が深く、子葉という号を持つはずなのに、なぜこんなつまらぬ句を」と首をひねる其角。その足で俳諧の指導をする旗本・土屋主税《ちから》の屋敷へ行き、この話をすると、主税は付け句が「討ち入り決行」の暗喩であることを見抜く。主税の屋敷は、吉良邸の隣りにあるのだった。

解説

「この話を初めて聴いたときは、出てくる俳句の意味がわからなくて、ポカンとしちゃったんです」

松之丞が『大高源吾』の良さを理解したのは、自身が実際に高座にかけるようになってからだ。それでもまだ、登場する句のわかりにくさは気になっていたらしい。

「神田陽司先生が三鷹講談会で、この句の注釈を入れてやっていて、それがすごくよかったのを覚えています。最後、其角と源吾が俳句を言い合うところがあるんですね。三つの句を、本当にひとことずつ、邪魔にならないぐらい、リズムを壊さないぐらいに『こういう意味ですよ』という注釈を、主人公に言わせていました。でも一回聞いただけだから、注釈の中身がどうだったか、忘れてしまったんです。陽司先生にいつか聞こう、いつか聞こうと思っているうちに、陽司先生は亡くなられてしまいました。『大高源吾』は、そういう、ちょっと心残りなネタなんです」

其角の「年の瀬や水の流れと人のみは」は、すっかり落ちぶれた（もちろん偽装だが）源吾に会った驚きと感慨を「年月がたつと、人の運命は変わるものだ。とりわけ落ちぶれたときは、年の瀬という時間が余計に身にしみる。水の流れは止まらず、流れていくように、人の身も本当にわからないものだ」と詠んでいる。

源吾の付け句「あした待たるるその宝船」は、「明日になれば討ち入りは終わる。吉良を討つことができれば。万一失敗しても、皆で切腹するのだから、亡き主君の下へいける。念願であった本懐を遂げることができる。宝船のようだ」という意をこめたものである。

一席物・赤穂義士伝

神崎の詫び証文

あらすじ

大石内蔵助にやや遅れて赤穂を出立し、東へ下る神崎《かんざき》与《よ》五《ご》郎《ろう》。遠州《えんしゅう》・浜松宿の煮売り酒屋で食事をしているところへ、べれけに酔った馬方の丑五郎《うしごろう》がやって来る。丑五郎は神崎に馬を勧めるが、神崎は断る。丑五郎は「侍が馬が嫌だとはなんだ、お前は侍でなく役者だろう」と悪態をつき、「詫び証文を書け」と迫る。神崎は「あまりに無礼な奴、斬って捨てるか」と思ったが、それが元で万が一でも大事が露見しては同志に申し訳ないと、ぐっと我慢して証文を書く。元禄十五年（一七〇二）、赤穂浪士は主君の無念を晴らし、翌年春に切腹する。その後、江戸の講釈師が浜松に来演して赤穂義士の顛末を読んだ。丑五郎は講釈を聴き、「神崎与五郎則休《のりやす》」が義士の一人だったことを知る。丑五郎は皆に煮売り酒屋での出来事を話し、詫び証文を見せる。「お詫びをしなければ」と思い詰めた丑五郎は江戸に出て、泉岳寺の神崎の墓前で頭を垂れる。その姿を見た泉岳寺の住持の勧めで、丑五郎は墓守となり生涯を送った。

解説

『義士銘々伝』の中には、その名の通り、四十七士各々の逸話がある。すべてが感動作というわけでもなく、中には、四十七人分を揃えるため、史実とはかけ離れた物語を無理やりこしらえたり、他の義士のエピソードを流用したものもあるようだ。

現在も演じられている『銘々伝』は、数多いというわけにはいかないが、多くの演者や観客の耳目によって淘汰されたものだけに、傑作揃いといっても過言ではないだろう。

「神崎与五郎」は、四十七士中の人気のキャラクターである。人品に優れ、腕が立ち、そのうえイケメンだという神崎が、乱暴者の馬方・丑五郎の度重なる挑発にも、堪えて堪えて、最後まで刀を抜かない。大義の前には己を捨てる。「武士の矜持」に揺らぐことのない神崎が潔い。

この神崎をいじめぬく丑五郎。憎い奴には違いないが、物語が進むうち、人を人とも思わぬ悪行の中に、子供のような純真な心が隠れているのがわかってくる。『義士銘々伝』といいながら、「詫び証文」の主役は、神崎ではなく丑五郎なのではないかとさえ思えてくる。それほど、魅力的な人物なのである。

「神崎は楽なんですが、この丑五郎って奴が難しいんですよ。丑五郎って、フーテンの寅さんみたいな人物像ですよね。乱暴者には違いないのですが、何ともいえない愛嬌があって、憎めない。悪いことをしてても明るくて、どこかで『こいつ、いいやつなんだな』とお客さんに思わせなきゃいけない。それはわかっているんだけど、難しい。どうしても『嫌なやつ』になっちゃうんです。最後に丑五郎が改心するところでグッとこないと、話自体が嘘臭くなってしまいますから」

観客が、丑五郎という男を見直し始めるのは、後半の講釈の場面だろう。江戸の人気講釈師が、義士討ち入りを滔々と読み上げていき、「神崎与五郎則休」という名前が出てきたときに、「ちょ、ちょょっと待ってくれ、先生」と丑五郎が講釈を止める。「じゃあ、あの侍だったのか！」と気づくところが、聴かせどころである。

「ここはね、うちの師匠がいいんですよ。うちの師匠は田舎者が上手い。結構オーバーにやっていても聴かせる技術がある。師匠のを聴いてると、丑五郎にちゃんと愛嬌があって、不自然なところが一つもないんです」

誰もが「難しい」と思いながらも、その魅力にあらがえず、何とか我が物にしようとする。松之丞が師匠松鯉を超える日が来るだろうか？

一席物・赤穂義士伝

安兵衛婿入り

あらすじ

浅野家の留守居役、堀部弥兵衛金丸は、頑固一徹、清廉潔白の堅物だ。鬼子母神に参詣に出かけた妻しんと娘のはなが、高田馬場で果たし合いを見たと聞き、詳細を聞き出す。孤軍奮闘の老武士が敵方の卑怯な攻撃に倒れた後、遅れて駆け付けた中山安兵衛が、はなの緋鹿《ひが》の子《こ》の扱帯《しごき》を借りて襷《たすき》にし、たちまち十数人をなぎ倒した――。安兵衛の獅子奮迅の活躍に感激した弥兵衛は「ぜひとも娘の婿に」と決意する。ようやく探り当てた安兵衛の貧乏長屋を訪ねた金丸が、半ば強引に婿入りを願うと、及び腰の安兵衛は「他姓を名乗ることはできない」とつっぱねるが、のちに安兵衛は観念して婿入りする。すぐに目通りを許した内匠頭は、酩酊しても隙のない安兵衛の剣豪ぶりを大いに気に入る。

解説

松之丞は、宝井琴調《たからいきんちょう》から『婿入り』を教わった。

「『安兵衛婿入り』を教えてください」

「俺じゃねえだろ。一龍斎がいいんじゃないの（笑）」

「でも先生のが面白いと思って」

そんなやりとりの後に教わった『婿入り』は、やっぱり面白かった。そればかりか、松之丞は、この『婿入り』を、その前段階の『安兵衛駆け付け』と合わせて演じると、「爆笑巨編に仕立てられる」と確信したという。

松之丞は、元々楽しい物語を、爆笑巨編にバージョンアップすることに成功した。

「『安兵衛駆け付け』と『婿入り』を続けてやると、がぜん面白くなると気づいたんです。『駆け付け』のところからやって、安兵衛の豪放磊落《らいらく》なキャラクターと、十数人を倒した剣の腕前を印象づけておくと、『婿入り』前半に、弥兵衛が女房に決闘の仔細を尋ねるくだりが生き生きと聞こえるでしょう。女房が娘の扱き帯を、パーッと安兵衛に投げる動作を何度も繰り返すところなんて、やるたびに笑いが大きくなるんです。それでいてラストは講談らしい美しさがある」

爆笑講談を一つモノにした松之丞の感想は「ああ、やっぱり宝井（派）はいいネタ持ってるな」だった。今後も、松之丞独自の感覚で、他流のネタの中からも「宝物」を見つけていくのだろう。

南部坂雪の別れ

あらすじ

大石内蔵助は討ち入りの直前、江戸南部坂に隠遁していた浅野内匠頭の未亡人・瑤泉院《ようぜん》に会いに行く。明日未明の討ち入り決行を伝え、同士の連判状を渡すと共に内匠頭の仏前にもそのことを報告したいのだが、吉良の密偵を警戒するあまりそれもならず、「ある西国の大名に召し抱えられることになった。再びお目にかかることもない。和歌の会などへ出席いたしたときに詠みし腰折歌《こしおれうた》を持参した」と断腸の思いで偽りを伝える内蔵助。怒りに席を立つ瑤泉院。降りしきる雪の中に今生の思いを背中で伝える内蔵助。夜中に腰折歌を盗もうとした女間者、騒動の際ほどけた腰折歌がそのまま連判状、やがて入る討ち入りの知らせ。内蔵助の来訪の意味を悟り瑤泉院は短慮を悔いる。

解説

数ある『赤穂義士伝』の中でも、屈指の人気演目である。ドラマチックな展開、胸に秘めた男の想いなど聴き所が多く、大石内蔵助に関わるエピソードの中では一級品と言えるだろう。主要な登場人物に女性が多いことから、女流講談師も好んで手がけている。

吉良方の密偵の存在を恐れ、討ち入り前日になっても、亡き主君の正室・瑶泉院に「決行」の意思を伝えられない大石内蔵助。怒りにふるえる瑶泉院。雪の南部坂を去る内蔵助。そしてその夜、瑶泉院の側近と女間者とが争う中、大石が残した袱紗の中から転げ出たのは仇討連判状だった――。

連判状に記された四十七士全員の名を滔々と読み上げる「言い立て」が、演者にとっての聴かせどころだ。しばしば客席からの中手（口演中の拍手）も起こり、場内は大いに盛り上がる。ところが、松之丞が教わった松鯉版の『南部坂』には、この言い立ての部分がないのだった。

「連判状をいちいち読まなくても、瑶泉院はすっと見ただけで『そういうことだったのね』と悟るはず。そこをいちいち読み上げるような野暮なことを、うちの師匠はしないんですよ。師匠くらいの貫禄になると、言い立てがなくてもちゃんと成立するんです。僕も『なくてもいいな』と思いました。ただ、お客さんが期待しているのもわかるんです。言い立てがあると、お客さんが満足する。だから、僕はオリジナルで言い立ての部分を足しました。二代目山陽に近い形になっています」

ただ、それでも本来盛り上がるべき「言い立て」の部分を、松之丞は極力抑えたトーンで読んでいる。

「演者としては、あの言い立ての部分は、シーンとして聴いてほしいんですよ。そこで、

『四十七士、全部言えたね。おめでとう』みたいな中手をいただいちゃうのは、何か違うなと思います。だから、本来盛り上がる場面を、なるべく盛り上げない感じでやろうと。これは非常に難しくて、実際には、まだまだできていないんです」

現在、松之丞が演じている『南部坂』は、言い立ても売り物の一つになっているが、将来、それなりの貫禄と説得力を備えるだろう松之丞が、あえて言い立てをやらない松鯉型に戻す可能性も大いにありそうだ。

天野屋利兵衛

浅野内匠頭に恩を受けた泉州《せんしゅう》堺《さかい》の廻船問屋《かいせんどんや》の主人・天野《あまの》屋《や》利兵衛《りへえ》は、大石内蔵助から、吉良邸に討ち入るのに必要な忍び道具を揃えるよう頼まれる。当時、「名奉行」と評判の大坂町奉行、松野河内守が、利兵衛を怪しんで家宅捜索をすると、忍び道具の蠟燭立て五十丁が見つかった。利兵衛は「頼み手は誰か」と厳しく追及されるが、「義理ある方から頼まれたから」と白状しない。「白状せねば倅の七之助を鞭で打つ」と脅されても、「天野屋利兵衛は男でござる！」というばかり。妻ソデが利兵衛の制止を聞かず、浅野家の関係をすべて話すが、河内守は「この者のいう事は信用できぬ」と追い払ってしまう。河内守は以後、利兵衛の取り調べをせず、利兵衛は牢内に留まった。赤穂浪士討ち入りの報が入った後、利兵衛は河内守に、忍び道具の頼み手は大石内蔵助だと明かす。河内守も実は気付いていたが、忠義の邪魔はしたくないと取り調べを中断したのだと言う。

忠僕元助

元禄十五年（一七〇二）十二月十三日、討ち入り前日に、片岡源五《かたおかげんご》右衛門《えもん》は下僕の元助《もとすけ》に暇を出そうとするが、元助は聞き入れない。「どうしても暇を出す」と言い張る源五右衛門。「私にしくじりが多いからだ。死んで詫びる」と言い出す元助。押し問答になったところに、見廻り役の大高源吾と武林唯七《たけばやしただしち》がやって来る。三人の義士は話し合い「これほど忠義な者なら」と、元助に「明日は討ち入り」と打ち明ける。「これほどの大事を自分のような者に話してくれた」と感激した元助は、水盃で三人を送り出す。部屋を掃き清め、宮八幡武神の額を揚げ、灯明をあげて、「本懐を遂げられますように」と祈る。翌朝、見事に吉良の首を討ち捕ったと知った元助、泉岳寺へと引き上げる義士の隊列の中に源五右衛門を見出す。義士切腹の後、元助は頭をまるめ、生まれ故郷の安中に帰って、二十年の歳月をかけて四十七士の石像を彫りあげ、榛名山のふもとに祀る。その後、南房総で墓守となり余生を送った。

解説

松鯉十八番の一つ『天野屋利兵衛』は、『赤穂義士外伝』の代表作でもある。「雪江《せっこう》茶入れ」という逸話から始めると、読み方にもよるが、四十五分の大ネタになる。短く「雪江茶入れ」だけ演じれば、寄席サイズの十五分ネタだ。もちろん、伸縮自在なだけではなく、内容もしっかりしていて、硬質な物語なのに、わかりやすく、聞きやすい。終盤、利兵衛の倅が人質にされる場面にはおなじみの名台詞もある。もうひとつ「冬は義士」で知られる義士伝なのに、「雪江茶入れ」は夏の話であるのも珍しい。演者にしてみれば、どこをとっても、きわめて便利なネタといえるのである。

これほど重宝なネタなのに、松之丞はなかなか『天野屋』に手を出さなかった。

「うちの師匠の十八番だからちょっと手をつけにくかったんです。あと、『天野屋利兵衛は男でござる！』という最後の有名なセリフが、今の年齢だとうまく言えないかもしれないと思いました。僕自身、まだ子供もいませんし。ある程度の年輪を重ね、子育ても経験した頃には、感情が本当に入ってくるんじゃないかな。そんなことを考えて、ちょっと先送りにしていたんですよ」

『天野屋』とは対象的に、『忠僕元助』は比較的地味な話である。

「上方の旭堂南龍《きょくどうなんりゅう》兄さんのを聞いて、ああ、いい話だなと思ったのがこの話をやろうと思ったきっかけですね。それで、愛山先生のところへ教わりに行ったのですが、その時点で、僕は愛山先生の『忠僕元助』を聴いていなかった。失礼な話ですよね。でも、先生なら間違いないと、どうしても習いたかったんです」

この『忠僕元助』と、よく似た題名の『忠僕直助《なおすけ》』もまた忠義の物語だ。家老の大野九郎兵衛から「お前の刀はなまくらだ」と満座の中でバカにされた主人・岡嶋八十右衛門《やそえもん》の恥辱を晴らそうと、家僕の直助が堺の刀工に弟子入りして、主人のために立派な刀を打つという物語。「忠義」の表し方は違うが、一途に主人を思う気持ちには、元助も直助も変わりがない。どちらも、清々しい物語だ。

ところで、松之丞は『忠僕元助』という演目のどこに惹かれたのだろうか。

「『忠僕』というタイトル通り、これは忠義をテーマにした物語です。日本人のDNAに、人に仕える美学みたいなのがあって、それが特に光っている話だというのをすごく感じるんです。全身全霊で人に尽くす。昔の人にはこういう話が刺さるんじゃないかなあと。僕のイメージですけど、江戸時代の人は、忠義というものを、きっと皮膚感覚で理解していた。だから、こういう話に共感できたのだと思います。現代人の僕らには、もうひとつピンとこないところもあるけれど、古き良き時代の忠義の美学に触れて、『いい話だなあ』と思ったんです」

武家社会から民主主義の現代へ。時代の変遷とともに、庶民の価値観や倫理観も変わっていくが、侍の時代の話が多い講談には、遠い昔の価値観が当時のままで残っている。そうした古風な演目に光を当て、再生していく作業も、これからの松之丞の仕事になっていくのかもしれない。

三方ヶ原軍記

あらすじ

元亀三年（一五七二）十二月二十二日、遠江国《とおとうみのくに》・三方ヶ原《みかたがはら》（現在の静岡県浜松市）で起こった甲斐の武田信玄と徳川家康・織田信長勢との戦い。上洛の途上にあった信玄率いる武田軍を、徳川・織田の連合軍が迎え撃ったが、徳川勢は完膚なきまでに叩きのめされて敗走、のちに「家康、生涯唯一度の負け戦」といわれた。この戦で三方ヶ原の物見に出た徳川家臣、内藤三左衛門《ないとうさんざえもん》が参戦諸将の旗印を端から読み尽くす——。

解説

「頃は元亀《げんき》三年壬申歳《みずのえさるどし》十月十四日……」と、独特の修羅場調子で読み上げる『三方ヶ原軍記』は、講談のイロハのイともいうべき軍談。講釈師にとって必要な大声、緩急、呼吸、体力を養うのに最適な演目だ。ほとんどの講釈師が最初に教わるネタであり、松之丞も例外ではなかった。

「さて、真っ先に見えたるは、赤字に正八幡大武神《しょうはちまんたいぶしん》と描いたる旗、赤字に白く桔梗《ききょう》の紋付きたる旗（中略）その勢三千余人、これ甲陽名《こうような》代《だい》の赤備え、山県三郎兵衛昌景《やまがたさぶろうひょうえまさかげ》なり〜」

冒頭から先鋒の五部隊のいでたちを描写する「五色備え」のくだりまでの十五分を、繰り返し教わった。それまで松之丞は人前で話した経験に乏しく、芸人としては真っさらの状態だったので、松鯉は何カ月もかけ、じっくり教え込んだのだろう。

だが、二回、三回と稽古を重ねるうち、松鯉が不機嫌に。そしてついに雷が落ちた。

「お爺さんのように喋るな！」

素人時代、松之丞は三遊亭圓生の落語を聞き込んでいたため、知らず知らず圓生の名人口調がうつっていたのだろう。松鯉の指導は厳しく、松之丞はかなり苦戦したらしい。

「でも、七回目か八回目の稽古のとき、僕の『三方ヶ原』を聞いて『このネタに関しては、もうお前に教えるものは何もない』と師匠が言ってくれたんですよ。ただその直後に『お前が調子に乗って天狗になるといけないから、この言葉はすぐに忘れろ』。そう言われたのはすごくよく覚えていますよ」

さすが大物、最初のネタでもう、松之丞は天狗になっていたのである。

扇の的

あらすじ

源平による屋島の合戦で、海上の平家方から、扇を立てた一艘の舟が漕ぎ出してくる。「この扇を射ることができるか」との挑発に、源氏方の大将・源義経は、弓の名手・那須《なす》与《よ》一宗高《いちむねたか》を召し、「扇の的を射よ」と命じる。与一は馬を海中に乗り入れるが、小舟が波に揺れ、狙いが定まらない。そこで神明に祈りを捧げると、不思議や、扇の的が一瞬、静止する。すかさず放った矢は見事命中し、扇は夕暮れの波間にひらめき落ちる。

解説

『源平盛衰記《げんぺいせいすいき》』のきかせどころである『扇の的』は、師匠松鯉が文化庁芸術祭賞をとった看板ネタの一つ。だから松之丞は最初、「やる気がなかった」という。だが、現在は、寄席をはじめ、いたるところで『扇の的』を高座にかけている。

「自分でやってみてわかったのは、すごく便利なネタだということ。伸縮自在だし、ウケる形に作り直すこともできる。僕は落語と講談の中間ぐらいのイメージでやっています」

元は同じだが、結果的に松鯉と松之丞の『扇の的』はかなり印象が違ってきた。

「この前、名古屋の大須演芸場で久々に師匠の『扇の的』を聴きました。スピード重視の僕に比べると、はるかに重厚で、笑いの間もゆったりとしている。表現が難しいんだけど、良い意味で『じっくりやっている』という感じです。このネタは、いろいろな演じ方というか、読み方ができるのだなとあらためて感じました」

エンタテインメントでありながら、言い立てもあって、いかにも講釈らしい。そのうえ、おめでたい話なので、失礼ながら「殺人ネタ」が多い松之丞にとっては、使い勝手も良いのだろう。

「女子高の公演でもやってみたんです。生徒さんたちにとっては、このネタが軍談であろうが何だろうが関係ない。煎じ詰めれば、『扇の的に当たるか当たらないか』なんですよ。そこがわかりやすいので、途中に難しい言葉が入っても、最後の最後で『当たって良かった〜』というカタルシスが訪れる。物語として、とてもよくできているんですね」

老人ホームで演じたときは、当然のことながら、松之丞が会場全体で一番の若さだった。

「みなさん人生の大先輩ですから、『扇の的』の話は当然ご存じだろうなと思い、ゆっくり、はっきり、大きな声で、うちの師匠以上にていねいにやってみたら、すごく喜んでいただけました。このとき、あまり面白くないと思っていた『扇の的』が、『なるほど、みんながやる理由がよくわかる』ということを実感できたんです。僕は自分のネタ帳を全部つけているのですが、今は『扇の的』が多くなりました。『これに頼り過ぎだよ』っていうぐらい（笑）」

　クライマックスの松之丞の言い立ては、迫力といいスピード感といい、からりと弾けた明るさといい、師匠松鯉とはまた違った魅力がある。

「言い立てというのは、軍談でも何でも、口慣れていれば間違えないということが、よくわかりました。要するに慣れなんですね。だから今は、どこへ行っても『扇の的』はあまりはずさないという自信があります」

一席物・軍談

青葉の笛

あらすじ

源氏方の武将・熊谷次郎直実《くまがいじろうなおざね》は、一の谷の合戦を控えた早朝、平家の内裏近くで笛の音を聴き、滅び行くものの哀れを思う。合戦が始まると、平家が劣勢。平家の総大将・平《たいらの》知盛《とももり》は、もはや負け戦と大船へ逃げる。それを見た平家の公達・平敦盛《あつもり》は馬で海に入り後を追うが、直実はこの敦盛を見つけて勝負を挑み、敦盛を砂浜に組み伏せてしまう。首を取ろうと顔を見ると、まだ十二、三歳に見えるあどけなさの残る少年。敦盛の名乗りでは、十六歳で直実の息子と同じ歳だという。同じ子を持つ身として敦盛の父母の嘆きを思い、命を助けようとするが、源氏の仲間の前で彼を逃がすことはできず、やむなく首をはねる。すると、敦盛の鎧の中から笛が出てくる。昨晩の笛の音はこの者であったかと直実は気づき、のちにこの笛は「青葉の笛」と名付けられた。

解説

神田松鯉好みの佳品。四代目宝井馬琴《ばきん》の流れをくむ本格軍談の名手、馬場光陽《ばばこうよう》直伝の一席だという。二代目山陽が修羅場をあまり得意としなかったため、それを補う形で、松鯉は馬場光陽に教えを請うていたのだろう。

寄席の出番が中入り前で、二十分前後の持ち時間があるとき、運が良ければ松鯉の名演に出会うことができるはずだ。

「このネタを聴いて、僕はうちの師匠の編集能力の高さを実感しました。現代の感覚からすると、冗長にも感じる光陽先生の台本を、元の美文調を生かしつつ、短く、わかりやすくまとめて、寄席の短い出番でも通用するものに仕上げています。僕は『青葉の笛』が、編集のうまさという点では、師匠松鯉の代表作じゃないかと思っています」

松之丞には「師匠に追いつけ」という気概で、彼なりの編集を加えた『青葉の笛』を聞かせてほしい。

真田の入城

あらすじ

関ヶ原の合戦で豊臣方につき、家康ににらまれた真田《さなだ》左衛門尉《さえもんのじょう》幸村《ゆきむら》は、兄の真田伊豆守信之《いずのかみのぶゆき》の嘆願により命だけは助かるが、城を引き渡しとなる。浪々の身で高野山のふもとの九土《くど》山村《やまむら》に住まい、うつけの振りをして、徳川方を欺いている。慶長十九年（一六一四）、豊臣方決起に際し、松倉豊後守《ぶんごのかみ》が三千人の軍勢を率いて幸村を攻めてきた。戦の仕度をした幸村は立派な武者姿。そこへ先に仕掛けた地雷火で松倉の軍勢はこっぱみじんとなったとの報が入る。幸村は三千余人を引き連れ、大阪城に入城する。

解説

ＮＨＫの大河ドラマ『真田丸』（二〇一六年一〜十二月、堺雅人主演）が放映されると、講談師たちに「真田ものを、ぜひ」という注文が増えた。松之丞にも、本家ＮＨＫからの口演依頼が舞い込んだという。『真田の入城』といえば、大師匠・二代目山陽の十八番のひとつである。

「ＮＨＫの話は、オーケストラと講談が共演するという、結構大掛かりな仕事でした。フルオーケストラで、長野あたりに六千人も集まるという……。あんな大きいホールは初めてでした。ただ一つだけ問題があって、何とそのとき、僕は真田のネタを持っていなかった！　あわてて習いに行きましたよ。でも結局、本番ではせっかく覚えた『真田の入城』はやらず、僕が『真田丸』に近いオリジナルの台本を書いて、〝ジャジャジャジャジャーン！〟、『父上っ！』、〝ジャジャジャジャジャーン！〟、『母上っ！』といった、講談と音楽の一大コラボレーションになりました」

あわてて覚えたとはいえ、『真田の入城』は、松之丞の財産になった。毎年、大河ドラマのテーマが決まると、講談師たちはその主人公が登場する講談を仕込むものだが、松之丞の場合は『真田の入城』が初めて覚えた「大河ドラマ講談」になった。

『真田の入城』は、長い『難波《なんば》戦記《せんき》』の中の一席で、人気の武将、真田幸村が登場するのだが、近年の高座では思ったほど客のウケはよくないのだという。

「僕は小学生の頃から戦国時代の武将が好きで、真田昌幸、幸村と聞いてもすぐにピンとくるけれど、今は通じませんね。寄席でやったら蹴られる（ウケない）ことが多いです。みんなが真田十勇士を知っていた昭和時代ならめちゃくちゃウケたのだろうなと思います。もっとも今は大河ドラマで知る人が増えたとは思うのですが……」

真田十勇士を知らない時代……。講談師受難の時代はしばらく続きそうだ。

本多出雲守の討死

あらすじ

徳川家康四天王のひとり、本多《ほんだ》平八郎忠《へいはちろうただ》勝《かつ》の息子・本多出雲守忠朝《いずものかみただとも》は酒癖が悪く、慶長一九年（一六一四）の大坂冬の陣を飲み過ぎで遅刻したほど。翌年、大坂夏の陣で、家康は戦の先鋒となる決死隊に忠朝を任ぜようと呼び出す。家康に挑発された忠朝は自ら決死隊を名乗り出、前の晩に大酒を食らう。決死隊として次々と豊臣方を倒す忠朝の前に、真田幸村を名乗る者が現れ、決戦の前に酒を酌み交わそうと誘うが、実はこれは幸村の影武者だった。それに気づかず酒に酔った忠朝、ふと気づくと幸村の姿がない。幸村を探すうちに喉の渇きを覚え、井戸で水を飲もうとすると、井戸に潜んでいた者が槍を突き出し、謀られた忠朝は命を落とす。

解説

『真田の入城』同様、『難波戦記』の一節。松之丞は、神田愛山のCDを聴いて興味を持ったという。

「とても面白い話です。本多出雲守は剛勇な武将ですが、酒でしくじり、最後は『酒を飲まなければよかった』と言って死んで行く。愛山先生もこよなく酒がお好きな方だったから、出雲守とダブって見えるということもあるかもしれません」

話は面白いし、どこでも切れるから、演者にとっては便利な話だろう。

「愛山先生は上方の旭堂　南鱗《きょくどうなんりん》先生に教わったらしいですね。それをまた、非常に面白く作り替えている。先生は、『鼓ヶ滝』と『出雲守』さえあれば、全国を回れるとおっしゃっていました。僕はそうは思わないのですが（笑）、気持ちはわかります。それぐらい一般のお客様にウケるし、わかりやすい講談なんですよ。もっとも愛山先生のテクニックで読めば、おっしゃる通りなのだと思います」

一席物・怪談

宗悦殺し

あらすじ

根津の七軒町《しちけんちょう》に住む鍼医で高利貸しの皆《みな》川宗悦《がわそうえつ》は、貸金の督促のため、小日向服《こひなたはっ》部坂《とりざか》の深見《ふかみ》新左衛門《しんざえもん》の屋敷を訪れる。酒浸りの貧乏旗本、新左衛門は宗悦と口論になり、酔った勢いで斬り殺してしまう。新左衛門は鍼医を呼び、宗悦殺しを気に病んで寝込んだ妻の治療をさせるが、逆に症状が悪化する。別の日、違う鍼医を呼び入れて、新左衛門の肩を揉ませると、刺されるように痛い。振り向くと、一年前に殺した宗悦が恨めしそうに見下ろしていた――。

解説

明治の名人、落語家・三遊亭圓朝《さんゆうていえんちょう》の代表作『真景累ヶ淵《しんけいかさねがふち》』の序章である。

新左衛門と宗悦の「借金を返せ」「返さない」というやり取りが、次第に緊迫感を増し、ついには惨事に及ぶ――。運命に翻弄され、一路、悲劇へと向かっていく旗本と座頭の二人を、腰を据え、じっくりと読み進めていく松之丞。凛とした佇まいが、じわりじわりと怖さを盛り上げる。

「このネタは、うちの師匠にならったままなんですよ。一言一句、まったく変えていないんです」

落語にも同じく『宗悦殺し』はあるが、同じ圓朝物とはいえ、落語と講談とでは話の運びも雰囲気もかなり違ってくる。

「『宗悦』に関して言うと、講談のほうは、この続きをやろうという気があまりないですね。もちろん講談ですから、『お後が面白い』とか言うのですが、これはこれで、一席の怪談として完結しているという感じです。原作に忠実な落語よりも、よく編集されているなと思います。落語の『宗悦殺し』は、自分にはあまり面白く感じられないんです」

あまり面白いとは思わなかった『宗悦殺し』をレベルアップしようと、松之丞は話の舞台を実際に歩いてみたという。

「講談の台本では、宗悦が住んでいるのは戸崎町《とざきまち》なのですが、圓朝の元の台本では根津の七軒町。その根津の七軒町から小日向服部坂まで、宗悦が歩いたルートを、古地図を見ながら歩いたんですが、すっごく長いですよ。あの道のりを、大雪の中、盲目の人が杖つきながら歩くんです。健常者の僕でもすごく疲れましたから、大変だったと思いますよ。もちろんそれは、圓朝が頭の中で想像して書いたもので、現実のものではないのですが、実際歩いてみると、『そりゃこれだけ歩いて行って、金を返してくれなかったら辛いだろうな』というリアリティを感じました」

松鯉の台本は、おそらく六代目一龍斎《いちりゅうさい》貞丈《ていじょう》の型だろう。

「うちの師匠はほとんどやらないですけど、僕は面白い台本だなと思って、良くも悪くも、相当な数をやってますよ」

松之丞は二〇一七年の正月、東京・よみうり大手町ホールで開かれた「よみらくご」のトリで『宗悦殺し』を読み、この会に「指導出演」をした柳家権太楼に「いずれ講談を背負って立つ人だ」と絶賛されている。

「ものすごくうれしかった。自信になりましたよ」

お紺殺し

あらすじ

野州《やしゅう》佐野《さの》犬伏《いぬぶし》随一の絹商人・佐野屋次郎《さのやじろ》兵衛《べえ》は、江戸まで掛け金を集めに行った帰り道、病（梅毒）に冒されたと見える、髪の毛は抜け上がり、顔のできものが潰れて膿がだらだらと流れ、臭気がただよっている女乞食に金を恵む。すると女は、自分はお前に捨てられた女房、お紺のなれの果てだと言う。次郎兵衛は、まだ次郎吉と名乗っていた若い頃、窃盗、人殺しと悪事を重ねており、その頃一緒になったのが新橋烏森《からすもり》の芸者、お紺だった。しかし次郎兵衛の病をうつされ、二目とは見られない姿になったお紺を次郎兵衛は捨てたのだった。人の噂で次郎兵衛は犬伏に帰って絹商人をしていると聞いたお紺は、「次郎兵衛が江戸との行き来で必ず通る道で十八年間待ち続けていた、捨てるほど憎い女房なら殺していけ」と言う。

次郎兵衛は、捨てたのではない、病気を治す金の算段で駿府まで行き、ようやく三十両を手にして戻ったところ、お紺は愛想をつかしていなくなったと聞き、いずれ会ったら詫びをしようと必死で働いたのだと答えるが、お紺は信じない。しかし、次郎兵衛が「それならば一緒に死のう、自分はお前に去られた後、後添えも持たなかった」と言うとお紺は喜び、一緒に佐野へ戻ろうとするが、実は自分の過去を知るお紺が邪魔な次郎兵衛。帰る前に、そこの戸田川で顔を洗っておいでと、雪の河原でお紺が川に身を乗り出したところを突き落とし、流れに沈めて殺す。その後、蕨《わらび》の定宿・相模屋に入ると、番頭が「口から血が出ている女の連れがいたはず」と言う。気味が悪くなって酒を飲んで寝たところ、死んだはずのお紺が、びしょ濡れの姿で部屋に座っている。恐怖に発狂した次郎兵衛は、自分で自分の喉を絞め、舌をかみ切って絶命する。

解説

一席物として演じられることがほとんどだが、実は佐野次郎左衛門の物語『吉原百人斬り』からの抜き読みである。

『お紺殺し』のネタ下ろしが大変良い出来だった松之丞は、そのとき、「これは俺の十八番になる」と確信したという。今となれば大したことはなかったのですが……と本人は述懐しているが。

「ただ、僕はこの話を、かなりアレンジしています。まず、戸田の河原で顔を洗うシーンを入れました。大雪だから、顔を洗うわけはないのですが、着物に泥がついているからと必然性を持たせて洗う。そのときに、ちょっと気持ち悪いお紺のうめきみたいなものを入れる。すると、お紺に感情移入しながらそれを聞いたお客さんが、お紺が殺された瞬間にガッとなるんですよ。それは偶発的に出るもので、自分のコンディションもあるから、いつもというわけではないのですが。

もう一つ、主人公の次郎兵衛を『上唇をなめると嘘をつく』という癖のある男の設定にしています。で、お紺に再会したときに『お前は捨てられたと思ってるけどそうじゃない、俺が捨てられたと思っているんだ』といった嘘をつく。この時点ではお客さんはこの男の言うことが嘘か本当かわからない。それでずっと嘘をつき続けたあげく、『お前のことをずっと思っていた』と言いながら上唇をなめるんです。『これから大変なことになるぞ』と徐々に知らせてバンッて落とす。そして、お紺が化けて出て『本当のことを言ってくれよ』と聞いてきたときに、『お前みたいな汚い乞食女と一緒にいられるわけねえじゃねえか』と本音を言う。そして、『本当のことって、悲しいね』というお紺のセリフを、僕は最後に足しました。すると、この『お紺殺し』を聞いたお客さんが、化けて出る方に感情移入するようになったんです。このように、僕はこの怪談に関しては結構作り変えていて、それがいい方に働いている。そういうことがネタ下ろしの段階からアドリブできたんです」

松之丞が衝撃を受けた『お紺殺し』は、上方講談の旭堂南左衛門《きょくどうなんざえもん》のものだった。

「『お紺殺し』といえば南左衛門先生というイメージがありますね。戸田川の殺しで、棒杭をぐっと持ってお紺を沈める場面は、僕は釈台に激しく打ち付ける形で見せるわけですが、南左衛門先生は静かで、しかも長いんです。歌舞伎みたいな感じで、お紺が浮き上がってくるのを『んッ、ううん……』と、棒杭でお紺を押さえる微妙な手の揺れで表現する。これがすごく長いのですが、場が持つんですよ。まるで（片岡）仁左衛門の芝居を観ているような感じで、美しく殺す。殺す姿が美しいなと思ったのは南左衛門先生の『お紺殺し』が初めてです。僕はそういうのはできないから、もっと生々しくやるしかないのですが」

語りだしたら止まらない。本気で『お紺殺し』を十八番にしようとする、松之丞の気迫が伝わってきた。

小幡小平次

名題下《なだいした》の役者・生島半六《いくしまはんろく》は初代市川團十郎《だんじゅうろう》を殺害し、のちに捕縛され牢死する。一人になった半六の女房・おちかの元には、芝居者の太九郎と小幡小平次《こはだこへいじ》が入り浸っている。実はおちかはふたりと通じており、太九郎に、いずれはお前と夫婦になるが、当面は表向き小平次を旦那としておくと言う。そしておちかが小平次と一緒になると、二代目團十郎が、自分の父親を殺した男の女房と所帯を持った小平次を干したため、小平次はやむなく旅の役者となる。おちかは太九郎に旅先での小平次殺害を依頼。太九郎は奥州郡山にいる小平次を訪ね、安積沼《あさかぬま》での釣りに誘い、舟から突き落とす。そして小平次を櫂《かい》で殴りつけ、船にしがみつく指を切り落とし、沈める。ところが太九郎が帰ると、おちかが、小平次は帰ってきていると言う。そのとき部屋の行灯が消え、血に染まった四本の指が動いているのが見える。これからふたりの行く先々に小平次の幽霊が現れ苦しめていく。

乳房榎　重信殺し

本所柳島《やなぎしま》の絵師・菱川重信《ひしかわしげのぶ》が、女房のおきせ、息子の真与太郎《まよたろう》と仲睦まじく暮らしているところに、浪人・磯《いそ》貝浪江《がいなみえ》が弟子入りをしてくる。ある日重信に、高田砂利《たかだじゃり》場村《ばむら》の大鏡山南蔵院《だいきょうざんなんぞういん》本堂の格天井に龍の絵を描いてもらいたいという依頼がくる。重信が南蔵院に泊まり込んで仕事をしている間に、浪江とおきせは密通し、重信が邪魔になった。浪江は南蔵院を訪ね、下男の庄助《しょうすけ》を脅し、庄助に重信を落合の蛍狩りに誘わせ、重信を斬り殺す。寺に戻った庄助だが、重信はもう帰ってきて、本堂で絵を仕上げていると寺男が言う。明かりが灯る本堂の障子の穴から恐々中を覗くと、確かに重信の姿。やがて龍を描き上げ、署名をして落款を押すと、重信がこちらを見て「庄助、何を覗く」と言う。その瞬間、本堂の明かりが消え、庄助は倒れる。寺の者があらためて明かりをつけると絵は完成しており、落款の朱肉がべっとりと濡れていた――。『乳房榎《ちぶさえのき》』はここまでが序開きで、後半は真与太郎が父の仇の浪江を討つ物語となる。

解説

神田松鯉が五夜十夜と連続で怪談特集をやるのが、いつの頃からか夏の東京の寄席の風物詩になった。日替わりの演目は毎回、『小幡小平次』『乳房榎』に『四谷怪談・お岩誕生』『雨夜の裏田圃』『番町皿屋敷』を加えた五席と決まっている。十夜の場合は一席を二日づつとなる。つまりこの五席が、松鯉版「寄席の怪談オールスター」なのである。

『小幡小平次』の中盤に、沼に落とされた小平次が舟にしがみつき、殺人者がその指をぐっと斬るというシーンがある。松鯉は「台本にはあるが残酷だ」という理由でそこを抜いて演じるが、松之丞はあえてリアルに演じている。

「このあたりが、師匠と僕の怪談に対する捉え方の違いなのかもしれません。この話は指がテーマというわけではないのですが、指を落とすというのが珍しいので、最後をオリジナルでやっています。うちの師匠は『これから祟って出ます、小幡小平次でございます』と、余韻を残す形で終わるのですが、僕のは最後『喉に何か詰まってる』と言って、開けてみると指があるという。せっかく指を斬ったのだから、因果の関係でいこうという工夫です」

また松之丞は、小平次の後妻、おちかという悪女にご執心だ。

「『小幡小平次』は、男が女に振り回されていく話なので、女をうまく演じられる人は強いですよ。おちかの出来がいいと、全体の出来もいいですね。おちかがダメだと、だいたいよくない。おちかは物語全体までも振り回してしまうんです。そういう意味では、僕はおちかが結構好きなんですよ」

『乳房榎』は皆が認める松鯉十八番。「松鯉の怪談でどれか一つ挙げろ」と言われれば、多くの人が『乳房榎』を思い出すだろうし、松鯉自身もそう思っているに違いない。

「ただ、うちの師匠の『乳房榎』は、前半の浪江がおきせと深い仲になる『おきせ口説き』の場面をカットしているので、僕はその部分を足しました。

また『重信殺し』で終わってしまうと、納得しないお客さんがいるんです。師匠だと腕があるのでみなさん納得するのですが（笑）、私が読むとアラが目立ちます。さらにタイトルにある『乳房榎』にまでたどり着いていないので、タイトルの意味がわからないですよね」

芝居ではむしろ後半がメインとなるが、落語や講談は『重信殺し』までで、残りの部分は特別な企画でもない限り、ほとんど演じられることはない。松之丞は何度か、後半部分をダイジェストのような形で演じたことがあり、「『重信殺し』だけよりお客さんは満足してくださっていたようです。乳房榎が出てくるし、仇討も完了するわけだから」と言っている。

一席物・怪談 あらすじ

鍋島の猫騒動

佐賀藩鍋島《なべしま》家の家臣、竜造寺《りゅうぞうじ》家では登城した又七郎《またしちろう》が帰らない。その夜母親のお政は、大きな黒猫が血に染まり泥にまみれた又七郎の着物の片袖をくわえているのを見る。その夜、夢枕に又七郎が立ち、殿の碁の相手をするうちに不興を買って手討ちにされた、この恨み晴らすと言って消えた。お政は黒猫に鍋島家を祟ってほしいと告げ、懐剣で喉を突いて自害する。やがて鍋島光茂《みつしげ》は参勤交代で江戸詰めとなるが、又七郎の幻影が見えるようになり、屋敷に閉じこもる。桜の季節の夜、重役の小森《こもり》半左衛門《はんざえもん》が開いた桜狩りの最中、桜の大木の枝上にいた黒猫が光茂に襲いかかるが、とっさに光茂がはらった剣が黒猫の眉間に当たり、黒猫は叫び声をあげて逃げていった。小森がその血の跡を追って行くと、自分の屋敷の縁の下に続いている。縁の下に入ると、土が不自然に盛り上がっており、掘り返すとしゃれこうべが出てきた。そこへ小森の老母が頭に包帯を巻いて現れる。家の者から、最近老母の食べ物の好みが変わったと聞いていた小森はこれを怪しみ、深夜に老母を見張っていると、突然起き出して、干物をむさぼり、頭の包帯を取ると刀傷が現れた。化け猫が老母を殺し、なりすましていたのだった。化け猫は小森の刀をかわして逃げていき、その後も鍋島家に災いをもたらしていく。

番町皿屋敷

江戸は麹町《こうじまち》、青山主膳《あおやましゅぜん》という旗本の元にお菊という女中がいた。お菊は、豊臣方の残党として斬首された高坂《こうさか》甚内《じんない》の娘で、青山が町奉行として高坂を召し取った際、お菊の美しさに召し抱えることにしたのだった。たびたび主膳に手込めにされそうになるお菊は自害を試みるが、屋敷の用人・相川忠太夫《あいかわちゅうだゆう》に止められる。忠太夫は屋敷を逃げ、夫婦になろうと言うが、お菊に断られて激昂し、逆恨みする。ある日、青山に呼ばれたお菊は桐箱の中身を尋ねられ、家宝の葵形の皿と答える。ところが十枚揃いのはずの皿が何度数えても九枚しかない。紛失の濡れ衣を着せられたお菊は主膳と忠太夫に斬殺され、死体は古井戸に投げ込まれる。その夜、忠太夫が帰宅すると、お菊と名乗る女中が訪ねてきて、奥座敷で待っているというが、そこには誰もいない。すると玄関にお菊が立っており、「一枚、二枚……」と皿を数え続ける。これから忠太夫は夜毎お菊の亡霊に悩まされ、やがて悪事が露見して打ち首獄門になり、続いて青山主膳も発狂して変死をとげる。

解説

地方の大名屋敷を舞台にした怪談二題。

『鍋島の猫騒動』は『佐賀の夜桜』『佐賀の怪猫』などとも呼ばれ、明治中期から大正の初め頃に大人気を博した。とりわけ二代目桃川如燕《ももかわじょえん》が評判で、「猫の如燕」の異名があった。

「おどろおどろしい内容なんですが、史実とフィクションとノンフィクションが入り交じった面白さを感じます。お家騒動を、いかにも庶民が噂をしているように、『本当は化け猫が出たらしいよ』なんて言っている。そういう雰囲気の話だからウケたんでしょうね」

『猫騒動』は意外にも、松之丞にとっても思い入れの深いネタなのだという。実家の家系図を遡れば、佐賀へとたどり着く。ただ「佐賀の侍だったことは間違いないが、鍋島家かどうかは定かではない」そうだ。

「とにかく佐賀の話なので、佐賀で『猫騒動』をやってみたんです。タクシーの運転手さんにこちらの職業は伝えず、『鍋島の猫騒動って有名なんですか?』と聞いたら、『五十代、六十代とか、まあ四十代も知ってるかな。でも若い人は知らないかもね』って言うので、ちょっとがっかりしました。でも、実際にやってみたら『おお、地元ネタ』という感じで、大変にウケました。猫騒動自体も、みんな結構知っていたみたいですよ」

松之丞はもちろん、師匠の松鯉から教わっているが、松鯉自身は近年、ほとんど演じていない。

「昔は結構高座にかけていたみたいですが、女流の先生たちが盛んに演じるようになったので、読まなくなったそうです。最近は、落語芸術協会の三遊亭圓馬《えんば》師匠が寄席で演っていますよ」

『番町皿屋敷』については、「俺がやってから皆がやり出したんだ」と松鯉が言っている。

「ということは、師匠が掘り起こしたネタなのでしょう。それが今は広がっているわけですが、やっぱり本家はすごいです。ただ皿を数えているだけで怖いんだから。あの重厚感は、僕には出せません。侍が本当にダッて斬るところが目に浮かびます。楽屋のモニターで聴いていてもゾクゾクするんです。『真似できないな、すげえな』と思う怪談は、『皿屋敷』ですね」

松鯉自身も「これは」という想いがあるのだろう。寄席での恒例となった新宿末広亭（十日間）、浅草演芸ホール（五日間）の怪談興行では『皿屋敷』が多く、果たして毎年初日に何を持ってくるか、これも興味のひとつだ。この夏の名物「寄席の怪談」を、いつか松之丞が引き継ぐときが来るかもしれない。

お札はがし

あらすじ

牛込の旗本・飯島平左衛門《いいじまへいざえもん》のひとり娘お露《つゆ》と浪人・萩原新三郎《はぎわらしんざぶろう》は恋に落ちるが、新三郎が会いに行けないあいだに、お露が新三郎に焦がれ死にしたと聞く。ところがある日、お露と女中のお米《よね》が新三郎を訪ねて来て、死んだという噂は偽りだと悟る。その後二人は毎晩やって来るようになる。新三郎の長屋に住む伴蔵はお露たちが幽霊だと気づき、新三郎も新幡随院《しんばんずいいん》にお露たちの墓を見つける。新幡随院の良石《りょうせき》和尚は、新三郎に死霊除けの海音如来《かいおんにょらい》のお守り、お経、家に貼るお札を授け、幽霊たちは新三郎の家に入れなくなり、伴蔵にお札をはがすよう懇願する。伴蔵の妻おみねが、幽霊に百両持って来ればお札をはがすと言うよう伴蔵をけしかけると、幽霊は明晩百両持ってくるから、お札をはがし、海音如来のお守りをはずしてくれと頼み帰って行く。海音如来は売れば百両。幽霊の金と合わせて二百両の金に目がくらんだ伴蔵とおみねは、新三郎に行水をさせている隙にお守りを盗み、夜、幽霊から百両受け取ってお札をはがすと、幽霊たちは裏窓から新三郎の家の中に消えていった。翌朝、もがき苦しんだであろう新三郎の死骸が見つかる。

解説

明治の名人・三遊亭圓朝が作った『怪談牡丹燈籠《ぼたんどうろう》』の前半の見せ場である。「カランコロン」と駒下駄の音を響かせて、夜な夜な愛しい新三郎のもとへやってくるお露の幽霊――。落語の代表のような演目だが、講談でも、二代目山陽はしばしば寄席の高座にかけていた。松之丞は神田愛山から習ったという。

「面白いけど、難しい。四十五分の長丁場だし、人物とか場所の固有名詞がいっぱい出てくるので、うっかりすると、お客さんが離れてしまいますし、こっちもダレてきます。本当に難しい。僕はまだ『摑めた』というところまで行っていない気がしますね」

数多い登場人物の中でも、気になる存在はいる。

「伴蔵の女房、おみねがいいですね。俗っぽくて、人間的で。幽霊に『新三郎の家のお札をはがせ』と迫られる伴蔵に『じゃあ、お札、はがしちゃえばいいじゃない』って。あれを初めて聴いたときにはやっぱりゾクッときましたね。

それからお露の履物の音。あのカランコロンを音だけで聞くと間抜けなんですが、うまい人がやるとゾワゾワと怖くなる」

稽古のときの愛山のアドバイスは、「あんまり怪談っぽくやるな。いかにもな口調で『伴蔵さん、伴蔵さん……』ってやるといやらしくなるから普通に喋れ、その方が怖くなる」だった。怖さを求めるなら普通に、というのが怪談全般に通じる教えである。しかし、普通にやるのが実は非常に難しいのだという。

一席物・武芸物

曲垣と度々平

あらすじ

三代将軍家光に馬術の達人と褒められた曲垣平九郎《まがきへいくろう》は国詰めとなり、領地の四国の丸亀で、昼間から酒をあおっている。

そこへ度々平《どどへい》と名乗る者が、曲垣に弟子入りをしたい、ついては馬の世話もしたいから置いてほしいと訪ねて来る。度々平は自分を百姓だと言うが、曲垣の目には剣術に覚えがある者と見え、面白がって置いてやることにする。ある日、酒と肴の鰻を買いに行った度々平が戻って来たのを見ていると、度々平と重役・萩原清左衛門《はぎわらせいざえもん》の甥が喧嘩となり、度々平は五升樽で殴って相手をやっつけてしまった。これがただでは済まず、度々平を差し出すよう上から言われた曲垣は百石を返上し、浪人となって度々平と旅に出る。

解説

三代将軍家光の治世、曲垣平九郎、向井蔵人《むかいくろうど》、筑紫市兵衛《つくしいちべえ》という馬術の三名人を活写した人気講談『寛永三馬術《かんえいさんばじゅつ》』の中でも有名な場面。五代目宝井馬琴の堂々たる読みっぷりは、今も語り継がれている。

いわば宝井のお家芸である『曲垣と度々平』を、松之丞は、五代目馬琴の愛弟子、宝井琴《きん》調《ちょう》に習った。

「先《せん》の馬琴先生が本当にうまかった。格調あって面白く、というのができたら最高のネタですね。僕は腕がないから、今のところ、漫画にしちゃっています。琴調先生は『松之丞は、度々平は最初からできてるよ』とおっしゃってくださいましたが、とにかく曲垣が難しいんです」

琴調の稽古は厳しかった。

「『曲垣ができてないね』とは何度も言われました」

度々平が「旦那さまぁ」と呼びかけるときの距離感や、「旦那さまぁ」「どぉーれ」のやり取りは、「初めはかなり遠い感じで、そこから中くらいに、で、近くに寄ったらこのぐらい」と、声のトーンの変え方まで手取り足取りという感じで、稽古は進んだ。琴調が『曲垣』というネタに並々ならぬ思い入れがあるのを、松之丞は身をもって感じたという。

面白いのは、最初の稽古で松之丞が「寛永十五年……」と読み出したとき、「寛永十五年らしく聞こえないね」というダメ出しが琴調からあったことだ。

「ああ、宝井の大事なネタを教えてくださっているんだなと、頭が下がる思いでした。今は『寛永十五年らしくって言われてもねぇ（笑）』なんて、しっかりネタに使わせてもらっていますが」

それだけ熱心に教えてもらった『曲垣』だが、松之丞はかなり自分流に手を入れている。

「琴調先生からも『変えていいよ』と言っていただきましたし、冗談で『そのくすぐり、俺にも使わせてよ』ともおっしゃってくださっています。今のところ、爆笑まではいかなくて、笑いの量は中ぐらいは取れるんです。『曲垣と度々平の関係性がBL（ボーイズラブ）みたいな感じでいい』なんて見方をする人もいて、楽しくやっています」

普通に演じれば三十分から三十五分かかる『曲垣』を、琴調は短く刈り込んで寄席でも演じている。松之丞は、フルバージョンでしか高座にかけていないが、「『曲垣』を寄席で十五分でやって、お客さんを爆笑させて下りられるようになりたい」とさらなる工夫を考えている。

海賊退治

肥後熊本に向けて江戸を後にした風早丸《かぜはやまる》という大船が瀬戸内海に差し掛かったとき、五艘の小舟が近づいてきた。見ると、西海灘右衛門《さいかいなだえもん》という頭が率いる海賊船。あっという間に風早丸を取り囲み、網をつたって、三十人余の海賊たちが船に乗り移ってくる。風早丸に乗っていた侍、斎藤鬼軍刀太源照影《さいとうおにぐんとうたみなもとのてるかげ》は獅子奮迅の働きをするが、ふとした隙に後ろから襲われて倒れたところを、もうひとりの侍、紀州浪人の笹野権三郎義種《ささのごんざぶろうよしたね》が救い、さらに海賊たちを倒す。とうとう海賊の頭・西海灘右衛門が登場し、薙刀《なぎなた》を振り回すが、権三郎は灘右衛門と打ち合い、海中でもみあった末、遂に権三郎が海賊を倒し、喝采が上がる。

和田平助

水戸家家臣で三百石を戴く和田平助正勝《わだへいすけまさかつ》は居合術の名人で、水戸光圀《みつくに》公に寵愛されている。それを妬んだ花房《はなぶさ》平太夫《へいだゆう》は勝負を挑むが、それは碁盤の上に一人が手のひらを置き、もう一人が手に短刀を逆手に持って振り下ろし、置いた手を引いたところで傷がつくかどうかで勝敗を決めるというもの。平太夫が手を置き、平助が短刀を持ったところで、光圀は気付いた。鍔のない短刀を逆手に持っているので、振り下ろした力で手が刃まで下り、指が切れてしまうのだ。これは平太夫の計略である。しかし平助は途中で小手を返し、平太夫を負かす。光圀公のお褒めに預かり、大盃で酒を飲んで酩酊した帰り道、平助は鉄砲で狙われるが、ぱっとかわして、逆に撃った者を斬り殺し、家に帰って寝てしまう。翌朝、昨晩発砲があった場所に行ってみると、平太夫が倒れていた。

黒田武士

秀吉が天下統一を遂げた頃、福岡城主・黒田《くろだ》甲斐守《かいのかみ》長政《ながまさ》の家来に母里太兵衛《もりたへえ》という者がいた。八天狗と呼ばれる豪傑のひとりでたいへんな酒豪。ある日、母里太兵衛は長政に呼び出され、広島の福島正則《ふくしままさのり》に口上を伝えるよう言いつかり、口上が終わるまでは酒を飲むなと釘をさされる。福島家では祝い事があった様子で、正則は母里太兵衛に酒を勧めるが、断られて激昂し、口上は聞かないという上に酒を飲まないことを卑怯、臆病と罵る。母里太兵衛は、飲むなら望みの褒美をと約束させ、七合五勺の盃で酒を飲み干した上に舞を舞う。そして、福島家の宝物で、正則が戦場の功によって拝領した槍、日本号を所望。正則は渋々渡し、槍を取り返そうと家来が追うが、母里太兵衛は馬にまたがり、颯爽と去って行く。

解説

松之丞の寄席ネタの定番が並んだ。

『海賊退治』は、『笹野名槍伝《めいそうでん》』という武芸物の中の一席。落語中心の色物席でも活躍した二代目山陽がケレン味たっぷりに編集して、売り物にしていた。大師匠の面白ネタだからというわけで、現在の神田派にも多くの演者がいる。

松之丞も二ツ目昇進披露の高座でかけまくっていた。

「とにかくケレンがいっぱいあって、軽くて面白いんですよ。海賊を何人も槍で突き刺して『串カツ一丁揚がったよ！』なんて、おそらく大正時代に作られたクスグリを今でもやっている。当時はハイカラだったのでしょうが、今は……。

以前、正月興行で『海賊退治』をやろうとしたのですが、『正月は慣例で人を殺しちゃいけないんだ』と気づいた。先年亡くなった神田紅葉《もみじ》姉さんに聞いたら、『海賊は悪いやつだから殺してもいいのよ』と言われました。そんなわけはないのですが（笑）」

本来は長編の武芸物なので、人物やその対立軸をしっかり示しておかないと、混乱する観客がいるかもしれないのだが、実際の高座では細かなことは言いっこなし。若手は若手、ベテランはベテランなりに工夫をし、クスグリを追加して楽しい高座を披露している。

『和田平助』は、松之丞が「とにかく一番短くやろう」と思ったときにやるネタだという。

「短くて五分、三分でもやりました。スピード感とかテンポ、リズム、そういうのがすごく試される話で、一言一句で覚えないとテンポ感がついてこない。三代目山陽兄さんのイメージが強いですね。

僕は『笑点』に出演したときに、このネタをやりました。七分でやったのですが、手ごたえがあった。寄席に出ていてよかったと思うのは、今いろんな番組で『三分でやってください』『五分でやって』と注文されるときです。ただやるだけじゃなくて、ある程度結果を残す三分、五分。それができるのは寄席の修業のおかげです」

伸縮自在で、長くても短くても面白い。あるときは、スピード感あふれるジェットコースターのような若者向けの『和田平助』、またあるときは、じっくり引き事を入れ、寄り道しながら自在に操る癒やしの『和田平助』。瞬時にスイッチを切り替え、何通りものやり方で演じ分けることができる。松之丞にとって、『和田平助』は魔法のネタなのだ。

『黒田武士』は単純明快な話だ。福島正則の家宝の槍を母里太兵衛が取るという、あらすじだけなら、十秒で終わってしまう。

「他愛のないやり取りの空気感をどれだけ表現できるか。ところがこれが難しい。福島正則と母里太兵衛が『酒を飲め』『口上を言うまでは飲めません』というやり取りの末、結局太兵衛が目上の福島をやり込める感じで飲み始めるあたりが、パワハラをする上司をギャフンと言わせるみたいな、現代の上司と部下の関係とも重なって、結構サラリーマンの人に響くらしいです」

松之丞が『黒田武士』の稽古をするきっかけは、九州・福岡で催すことになった「松鯉・松之丞親子会」だった。「せっかくだから地元の話を」と主催者に言われて、松鯉が困った。五百席近い持ちネタの中に、福岡の話が一つもないというのだ。

「（神田）紅《くれない》は博多出身だから、紅に習えばいい。俺が後輩に習うのもなぁ。もし習っても、年だから頭に入らないし……。なぁ、松之丞」「わかりました」

そんなやりとりがあって、松之丞は紅に初めての稽古を願った。その稽古のやり方が、あまりに松鯉と違うので驚いたという。

「台本の文字の右に黒丸を打っていき、『ここで（声のトーンを）上げなさい』とおっしゃるんです。そういう作業を一語一語、ていねいにやっていく。だから、一通り稽古していただくのに三時間以上かかりました。これは、二代目山陽が編み出した、男性が女性講談師に教えるための稽古法だったんです。女性が読んでも違和感がないように、要所要所は男性っぽく聞こえるようにと、細かく単語のアクセントや強調する部分を拾っていく。紅先生は、『私はこういうふうに教わったから、あなたにも同じように教えるけれど、全部この通りにやってほしいとは思わない。変えていいわよ』と言ってくださいました」

『黒田武士』は紅の十八番なので、稽古は特に念入りだった。「母里太兵衛の槍はこんな感じで、今はどこの美術館にあって、槍を持つときはこういうふうに」と、絵まで描いて教えてくれたという。

「いろいろな稽古の仕方があることを知りました。うちの師匠とはまた違う。先生によって、教え方はさまざまで、そこが面白いし、勉強にもなる。『黒田武士』を習いに行ってよかったなと思いましたね」

谷風の情け相撲

あらすじ

小兵《こひょう》力士の佐野山《さのやま》は、父親の看病疲れと薬代の支払いに追われ、水ばかり飲んで土俵へ上がるから、初日から連敗続き。これを聞いた横綱谷風《たにかぜ》が「千秋楽に佐野山と対戦させてくれ」と願い出る。相撲好きの江戸っ子連中はびっくり仰天。「何の遺恨か」と憶測が飛び、「佐野山が谷風の回しを取れば二十両、もろ差しなら五十両」と祝儀の話も出る評判に。結びの一番。場内は「佐野山、佐野山!」の声援ばかり。谷風はうまい相撲で土俵を割り、佐野山は嬉し涙にくれた。

解説

長い『寛政力士伝《かんせいりきしでん》』中の人気演目。『雷電《らいでん》の初土俵《はつどひょう》』とともに、松之丞の「寄席の定番」となっている相撲ネタだ。『谷風』と『雷電』とは、ウケる客層に違いがあるという。

「『谷風』の方が若い人にウケるというか、若い人にも許容されるんですよ」

寄席で育った松之丞は、講釈場しか知らない仲間に比べて、「どの客層はどういうネタが好き」といったことを気にしている。日々の高座を通して、「マーケティングリサーチ」をしているともいえるだろう。

「意外にみんな言わないんですけど、たとえば、私の『谷風』はどの年齢層が一番の買い手なのかとか、自分がどういう状態のときに一番力を発揮するかを把握しているかどうかというのが、一番大事なんだと寄席修業の途中で気づいたんです。寄席に出ない講談師は、常連が喜ぶ講談をやっている。常連の目に曝されながらやるのも大事だけれど、そればかりでは、一般のお客さんに『講談はつまらない』と思われてしまうと思います。今は、初心の人を振り向かせなきゃいけないいんですよ」

寄席の高座では、『谷風』は松之丞の貴重な武器だから、そのメンテナンスも怠りはない。

「一分目に笑いがあって、三分目にもう一回笑いがあるとしましょう。ところが、一分目の笑いがなかったときの三分目って、全然違うんですよ。一分目に一発の笑いが入ったことで、物語の導入がスムーズになるんです。だから、ちょこちょこと笑いを足していき、今の形になりました」

笑いだくさんだから、客席にいると「たっぷり聴いたな」という印象だが、実は松之丞の『谷風』は正味十分ほどの、ごく短いネタなのである。

「寄席でできるように、『谷風』は絞りに絞りました。昔は十五分だったのを、ここへ来て十分にまで絞った。本当は三十五分あるネタなので、編集能力も養われたかなと思います。ところが以前、久々にフルバージョンでやったら『面白くないよ』と言われてしまった。

フルバージョンでの手直しも必要だなと思い直したんです」

師匠の松鯉が演じる『谷風』は人情を主軸に据えた本来の演出であり、松之丞版は、スピード感と笑いを重要視して、くすぐりも大幅に変えている。どちらも寄席で聴けるので、ぜひ聴き比べてほしい。

一席物・力士伝

雷電の初土俵

あらすじ

明和四年（一七六七）の生まれの為五郎《ためごろう》（為《ため》右《え》衛門《もん》）は江戸の浦風部屋に入門するが、強すぎて誰も稽古が付けられない。四代目横綱・谷風梶之助《たにかぜかじのすけ》が稽古弟子とし、寛政三年（一七九一）、両国の回向院《えこういん》で開催された五月場所に、雷《らい》電《でん》という名で張り出し幕内で出場させる。初日の相手、幕内筆頭の曲者・八角正《はっかくまさ》右《え》衛門《もん》は、得手の左差しどころか、もろ差しになって雷電を攻め立てる。だが、雷電は少しもあわてず、天狗の羽団扇のような平手で一発張ると、八角の顔が三角になった。

解説

『寛政力士伝』のうちの一編。大横綱谷風の「強すぎる弟子」雷電為右衛門の出世物語だ。

『谷風の情け相撲』の項で、「若い層には『谷風』がいい」と松之丞はとらえていると書いたが、『雷電』は年齢層の高い会や地方公演で、より力を発揮するネタなのだという。

「お客さんが重かったり（あまり笑わない）、講談に慣れていなかったりすると、『雷電』をやりますね。『谷風』だと、一回ネタに入っちゃうと地に戻るのが難しいんです。それに比べて、『雷電』は地に戻りやすいところがいっぱいある。だから、ウケないときは、地に戻ったときに一生懸命がんばれば、ガーッと盛り上げることもできるんですよ。だから『絶対これはスベれないな』という会には、あれこれと融通がきく『雷電』を選ぶかもしれないですね。『雷電』なら、『お客さん、聴いてないんだったらもう一回行きますね』って、最初からやり直すことだってできるんです。そのぐらい、腹に入っているネタなんですよ」

越の海

あらすじ

寛政期、雷電《らいでん》、谷風《たにかぜ》など名横綱が並び立っていた頃。力士になりたいと、柏戸《かしわど》を頼ってきた勇造という男がいた。背丈が五尺五分、今で言う一五〇センチそこそこと小さい。柏戸は入門を断るが、勇造は引き下がらず、仕方なく飯炊きをさせることに。しかし、兄弟子たちは誰も相手にしてくれない。ある日、芝神明の花相撲に無理矢理ついて行った勇造は、横綱谷風とぶつかり稽古をする機会を得る。勇造の背の低さと力の強さ、そしてヘソのあたりに髷《まげ》が当たり、谷風はくすぐったくて、とうとう土俵を割ってしまう。続いて雷電が土俵に上がる。今度は雷電の急所に勇造の頭が当たるが、実力で勇造に勝つ。勇造の力に驚く谷風は、引き取って鍛え上げ、やがて勇造は小結にまで上がる。

橋場の長吉

元は船頭だったが、今は人入れ稼業のやくざ者の長吉。あるとき谷風の土俵入りを横切ったため、谷風に投げ飛ばされて恥をかくが、投げ飛ばされたのは、土俵入りの前を突っ切って悪いことをしたからだと我慢していた。ところがしばらくして子分たちがやって来て、親分子分の縁を切ると言う。聞くと、谷風にやり返さない親分に愛想が尽きたと言う。だから盃を返し、情けない親分に代わって、これから谷風に仇討ちをしに行くとも言う。長吉も覚悟を決めて家を出て、柳橋の武蔵屋という船宿で居候になっているところ、谷風がそこを訪ね、深川まで船を頼みたいと言う。長吉は船頭として乗り込み、船上で谷風を殺そうとする。すると谷風は、自分が弟として長吉と兄弟の契りを結び、長吉の貫禄を取り戻すと言う。そして谷風贔屓の旦那衆の前でも長吉を丁重に扱い、長吉は以前にも増して男を売り出すが、やがて堅気となる。

解説

いずれも相撲講談の代表作『寛政力士伝』の人気演目。四代目横綱谷風梶《かじ》之《の》助《すけ》の怪力ぶりと優しい人柄を物語る「谷風の七善根《しちぜんこん》」の中の一席である。

『寛政力士伝』は、「相撲の黄金時代」と言われた寛政期（一七八九〜一八〇〇）を舞台に、谷風、雷電為右衛門、小野川《おのがわ》喜三郎《きさぶろう》の名力士三人を軸として、江戸の人気力士が続々と登場する相撲講談。作者は相撲通の四代目真龍斎貞水《しんりゅうさいていすい》（早川貞水）。弟子の太田《おおた》貞水《ていすい》も『寛政力士伝』一本で名を売った。当代の人間国宝、一龍斎貞水も得意にしている。

二代目神田山陽も、『越の海』をよく高座にかけていたが、かなりの長編だった。これに弟子の松鯉が大胆に手を入れ、寄席サイズにまで刈り込んだ。「うちの師匠の編集能力がまた生きています」と松之丞が胸を張る。

「そもそも『ちっちゃい相撲取り』というのが設定として面白いですよね。意外なことに、このネタは学校寄席で好評なんです。体格に恵まれない相撲取りが、それでも頑張って、最後は三役にまで上がる。このあたりが、自分には無理だと思ってもできることから頑張っていけという、学校の道徳教育にピッタリなようです。また、出世前の越の海が稽古相撲で雷電と対戦し、背が低いために頭が雷電の急所に当たるシーンがあるのですが、そこはみんな大喜びですね。もしかして、僕は学校寄席でしか『越の海』をやっていないかもしれません」

『橋場の長吉』は、松之丞に言わせてみれば「厄介なネタ」ということになる。

やくざの橋場の長吉が、谷風の土俵入りの前を横切ったため、谷風に首根っこをつかまれてバーンと投げ飛ばされ、満座の前で笑いものになった。長吉が谷風を殺しに来るが、それをいさめた谷風は、逆に長吉と義兄弟になって男を売り出してやる――。

「谷風が七つ善いことをしたとされているのですが、これがカタルシスとしてお客さんに伝わりにくいんです。長吉が、谷風に仕返しするのを自分が悪かったからと我慢して、しかしそれが元で子分に愛想を尽かされてしまう。また殺そうと思い直し、でも止められて、と長吉の感情が行ったり来たりするでしょう。お客さんは自分の感情をどう持っていけばいいのかわからなくなってしまう」

長吉は「自分が兄貴で谷風が弟だ」と説得され、名誉も回復するが、「もうヤクザが嫌になった」と言って、いきなり米屋になってしまう。

「僕は、長吉を米屋じゃなくて豆腐屋にするんです。それで、落語の『千早振る』みたいなものですって言うと、落語ファンは喜びますよ。『橋場の長吉』は最初から、緊張と緩和の話としてやっています。『これはめちゃくちゃな話なんですよ』『もう急展開で、最後を聞いたらみんな呆気にとられますよ』といったマクラを振って本編に入る。途中、『殺すの殺さないの』という緊迫したシーンもあるので、最後に『じゃあ俺は豆腐屋になる』って言えば、どっと笑いが起こる。そうすることで、ようやく成立するかなと。この話を普通にやると、モヤモヤするんですが、僕の『橋場の長吉』は、最後は笑いになればいい。いろいろあったけど丸く収まったねと。そのくらいが、私にとってこの話の一番よい温度ですね」

一席物・白浪物

青龍刀権次

あらすじ

幕末から明治にかけての話。八丁堀の岡崎町で十手と取り網を預かっていた権次《ごんじ》という男。青龍刀《せいりゅうとう》を抱えた関羽《かんう》の彫り物が背中にあるところから、青龍刀権次と呼ばれていたが、名前と違っていくじなし。年の瀬、博打に負けた帰り道、薩摩の侍が芸者を殺すのを目撃し、御用だと迫るが、侍に金をもらってその場から逃げる。翌日、芸者殺しを見逃したことが発覚し、権次はお縄となる。三年後に牢から出た権次は、自分が牢に入っている間に幕府が倒れたと聞き驚く。前の仕事の伝《つて》もなく、料理屋に奉公していたところ、店に官軍がやって来る。なんとその大隊長はあの芸者殺しの侍。権次は今戸《いまど》橋に大隊長を呼び出し、金を強請《ゆす》って三百両をもらうが、これがニセ金で、権次はまた御用となる。また八年後に牢から出ると、ちょんまげ姿の者もおらず、世の中がすっかり変わっている。そこで、今度は馬車に乗った大隊長に遭遇し、無理矢理屋敷までついて行く。大隊長は、今は陸軍中将・黒田清隆だと名乗り、過去の口止めに大金を渡そうとするが、権次は人殺しが偉くなるような世の中に呆れ、そのまま行方をくらます。やがて権次は盗賊となり、世の中を震撼させる。本来は連続物だが、この「序開き」の部分が一席物として演じられることが多い。

解説

二代目神田山陽の十八番だが、松之丞は「三代目山陽兄さんの『青龍刀権次』が一番面白い」という。

「国立演芸場で、山陽兄さんと、亡くなった浪曲師の国本武春《くにもとたけはる》先生が二人会をやったときの『青龍刀権次』の映像が残っています。『あ、久々に本気でやってる』と思いました。兄さんの軽さとネタが合っているんです。『権次』といえば、僕の中では二代目よりも三代目山陽ですね」

長い連続物で、かなりコミカルな序盤なのに、終盤はやや話が重くなる。出だしと終わりの雰囲気がまるで違う話だ。

今は、浪曲師の玉川太福《だいふく》が『権次』の連続口演をさかんにやっている。

「僕も一回、太福兄さんと『権次』のリレーをしたことがあります。そうしたら、宿屋の名前やお金の額など、細かい部分が結構違うんです。僕は先の出番だったからよかったけど、太福兄さんは、浪曲と違うからリレーは大変だったのではないでしょうか。細かい描写は最初にやった僕の方に合わせないといけないので」

悪漢の流転の人生を追う明治もの。江戸から明治へ、歴史の流れに翻弄される権次を、時に面白おかしく、時にシリアスに。時代背景や、怒濤の時代に生きるしかない人々の戸惑いのようなものをまで取り込んでいる。

「何度も同じやつに騙されて、何度も刑務所に叩き込まれる権次。やっぱり面白いネタですよね」

小猿七之助

あらすじ

文化文政（一八〇四〜三〇）の頃、一人船頭に一人芸者で船に乗ることは間違いのもとと堅く禁じられていた。ところがある日、男嫌いで売り出した芸者のお滝は、禁を承知で、「小猿《こざる》」と仇名を持つ船頭の七之助《しちのすけ》の船に乗り込む。真っ暗な大川をいく途中、永代橋で身投げを目撃し、それを助ける。身投げした男は、新川新堀の酒問屋、鹿島屋の若い者で幸吉と名乗る。掛け金の三十両と父親に借りた十両、合わせて四十両を、乗り合い船の中での博打でとられたと言う幸吉に、お滝は三十両を恵んでやる。ふと見ると、幸吉の手には着物の片袖。幸吉は、「実は博打の相手が稀代のいかさま師だったと知り、腕ずくで金を取り返そうとしたが、雪駄で殴られた。死んで祟るつもりで、相手の片袖を引きちぎってきた」と言う。そして「いかさま師の名は、深川は相川町《あいかわちょう》、網打ちの七蔵《しちぞう》」と幸吉から聞いた七之助は、隙を見て幸吉を川の中に突き落とす。一度助けた男をまた殺したことをお滝に見られたら困る、いっそ殺してしまおうと、七之助は船をとめて匕首《あいくち》を抜き、実は七蔵は自分の父親で、実の親を守るために幸吉を殺したとお滝に迫る。するとお滝は、「惚れた男に殺されるなら本望だ。一人船頭、一人芸者を承知で船に乗ったのは、二人きりになりたかったから」と必死で七之助を口説き、二人は深い仲になる。『青龍刀権次』と同様に、本来は連続物の中の一話。

解説

江戸前講談の代表格といわれる『小猿七之助』。深川の船頭七之助と、浅草広小路、滝の屋の美人芸者お滝の因果な恋物語が幕を開ける永代橋の場面を、あの立川談志が気に入って、ここぞというときの高座でかけていた。素人時代、激しく談志に傾倒していた松之丞が、談志落語の美学そのままの『小猿』を「やりたい」と思わぬわけはないだろう。

談志はこのネタを六代目神田伯龍から教わった。松之丞は伯龍のテープを文字起こしして、五代目伯龍の速記を読み、六代目の関係者の許しを得て、ようやく『小猿』を手に入れた。

「芸者のお滝が七之助を口説く場面は、談志師匠の方が伯龍先生よりも描写が多いんです。ご自分でちょっと足しているんですね。正直このネタは、僕の手には負えません。何回かやって、うまくいったときもあるのですが、失敗するときも多く、難しい。結局、最後は純愛物になるのですが、今のお客さんは『関係ない人が一人殺されてるじゃない。あの人がかわいそう』と、殺されたほうに気を取られちゃうんです」

言われてみれば、『小猿』の永代橋の場面には筋らしい筋もなく、「一人芸者に一人船頭は御法度」という江戸の美学、空気感があるだけだ。それがなければ『小猿』をやる意味はない。

「だから、江戸の美学みたいなものを伝えて、お客さんが『何となく素敵な話だったな』と思ってくだされればいいと思っています。談志師匠に言わせるとこの『長い話の中で、永代橋以外の場面をやるやつの気が知れない。センスがない』ということになるんです」

もう一つ、松之丞が『小猿』に惹かれる理由は、川口松太郎の小説「彼と小猿七之助」（『人情馬鹿物語』所収）が好きだからだ。腕はいいが、他はからっきしの講釈師が女席亭と一緒になって、という情緒たっぷりの芸道小説を読み、『小猿』への思い入れがさらに強まったのだという。

「翌日に国立演芸場で『小猿』を読まなきゃならなかったとき、お寺さんを会場にした町内会のような場所で『小猿』のネタ下ろしをしたんです。〝前売り九百円、みかんとビール付き〟というゆるい会でしたが、明日、国立でいきなり『小猿』をかけるのは嫌なので、そこでやりました。前座さんが『やかん』でドッカンドッカンウケてるから、『小猿』のような空気じゃないのは承知の上。でも、『一生懸命やります、ついてきてください』とやってみたら、感情移入もできたし、すごく一体感がありました。『『小猿七之助』でございます。今日はネタ下ろしで失礼を』と最後に言ったらウワーッと拍手がきた。本当にうれしかった。思えば、そのときのネタ下ろしが一番よく出来ていたなあ。それ以後、右肩下がりで……」

もちろん、肩を下げるばかりで満足する松之丞ではない。「まあ、年取ってからを楽しみに、という感じで、ちょこちょこハタキをかけておきますよ」と言う。

芝居の喧嘩

あらすじ

幡随院長兵衛《ばんずいいんちょうべえ》の配下の町奴《まちやっこ》、夢の市郎兵《いちろべ》衛《え》と唐犬権兵衛《とうけんごんべえ》が、山村座《やまむらざ》へ芝居見物に行く。大混雑の場内で、半券代わりの「半畳《はんじょう》」という敷き物を持たない「伝法《でんぼう》」の男と、これをつまみ出そうとする若い衆との間で喧嘩が起きる。伝法男が長兵衛の子分だったため、長兵衛一派と敵対する旗本奴・水野十郎左衛門《みずのじゅうろうざえもん》の四天王の一人、金時金兵衛《きんときをんべえ》が乱入する。そこへ市郎兵衛らが仲間の助っ人に駆け付けたので、山村座は血の雨の降る抗争の舞台となる。

解説

連続講談『幡随院長兵衛』の中盤のエピソード。落語にも『芝居の喧嘩』はあり、こちらは明らかに講釈のパロディだが、今はパロディのほうが流行っている。二代目山陽が、二ツ目時代の柳家権太楼《やなぎやごんたろう》に教え、思い切った編集で笑いだくさんに変身した権太楼版が、春風亭一朝《いっちょう》らに広まったのである。

「僕は寄席などで、落語じゃない、講談の『芝居の喧嘩』をよくやっています。今はパロディになっているけれど、その元をちゃんとやる。結構大変な作業ですが、やる意味は大きいと感じています。『芝居の喧嘩』は、本当は『幡随院長兵衛』という長い講談の一場面で、これだけで四十分以上あるんです。本来の講談の形を守りながら、極力短くして寄席でやっているのです」

講談版の『芝居の喧嘩』は、落語とは違って迫力満点。一癖も二癖もある町奴が次々登場して、ジェットコースターのような急展開で単純明快な物語が進んでいく。

「知らない固有名詞がどんどん出てくるし、物語がわかりにくいと思う方もいらっしゃるかもしれませんが、そんなことは関係ありません、ただ、『いろんな人が出てくる』とだけ思って聴いてください」

そんなことを言いながら、松之丞は講談初心者の観客をも巻き込んで、トントントンと軽快な調子で読み込んでいく。そしてもちろん、クライマックスは、最後の言い立てだ。

「最後に言い立てでバーッと持っていくというのは、二代目神田山陽のやり方を、踏襲《とうしゅう》しているんです。大師匠は、編集がうまいんですよ。本来は別のところで出てくる言い立てを、場所をずらして、あえて終盤へ持って来ているんです。最後が言い立てで終わるから、お客さんがウワーッて盛り上がる。実によくできた構成になっていますね」

一席物・侠客伝　あらすじ

違袖の音吉

のちに上方三侠客のひとりとなる違袖《たがそで》の音吉《おときち》は漁師の倅。早くに母親に死に別れ、幼い頃より魚を売り歩くが、生来の腕白者で喧嘩ばかりしている。今日も今日とて天満天神の祭りの日、人でごった返す往来で、音吉は年格好四十の男とぶつかり、喧嘩をふっかけ啖呵を切る。源《げん》太源平衛《たげんべえ》と名乗るこの男、実は上方で一、二と言われる大親分だが、向こう見ずにも音吉は刺身包丁で斬りかかる。そこへ音吉の父・音衛門《おとえもん》が現れてその場を収める。帰宅した音吉は、喧嘩のやり直しだと親父の錆びついた道中差しを手に源平衛の家へ乗り込むが、大の男に敵うわけがない。源平衛に刀の鍔際でピシリピシリと叩かれて泣き出したところ、源平衛の老母が現れ、息子を許してくれと言う。そして、音衛門の頼みで、音吉は源平衛に預けられ、侠客の道へと入ることになる。

忠治山形屋

江戸の大侠客・国定忠治《くにさだちゅうじ》が甲州への道すがら、辻堂で雨宿りをしていると、男の話し声がする。弥五右衛門《やごえもん》（松之丞の台本での表記。喜右衛門とされることもある）という貧しい百姓が、十手持ちと女郎屋の二足の草鞋を履く山形屋藤造《とうぞう》のところに娘のミツを二十五両で売ったが、金が惜しくなった山形屋から金を奪い返して来れば、五両の小遣いをやると言われたという。男たちが去ってしばらく後、よろよろと年寄りがやってきて、首をくくろうとするところを、忠治が止める。この老人が弥五右衛門だった。金と娘を取り返すと約束した忠治、手ぬぐいで変装して山形屋を訪ね、金を返せと頼むが山形屋は応じない。しかし忠治が身を明かした途端、震え上がった山形屋は慌てて金を返す。さらに忠治は小遣いを百両出させ、その金でミツを身請けする。その後、百両は弥五右衛門とミツに渡し、村でよい男と出会いなと、忠治は別れる。

解説

東西の俠客物が二本。

『違袖の音吉』は、長い『浪花俠客伝《なにわきようかくでん》（浪花三俠客）』の一部で、堂島の三好《みよし》屋四郎右衛門《やしろうえもん》、木津《きづ》の勘助《かんすけ》という大物の俠客と互角に渡り合った、魚屋稼業の音吉の少年時代を描いた痛快編だ。いかにも二代目山陽がやりそうな面白講談で、大坂のどまん中を舞台にしているのに、登場人物は全員、見事なまでの江戸弁をあやつり、胸のすく啖呵を聞かせるのが、また面白いのである。

「これは二ツ目初期の頃の代表作と言うのでしょうか。自分のＤＶＤにも収めています。講談というのは、ト書きが中心だと言われていますが、この『音吉』は、ほとんど会話でできている。大師匠がかなり手を入れたのだと思います。僕のは、ほぼ大師匠の台本通りですが、『こんな落語っぽい話があるのか』というぐらいに会話が多いんですよ」

上方の『浪花侠客伝』はもう少し重厚だが、二代目山陽系の『音吉』は気持ちがいいほど軽快で、笑いも多い。

「だから、学校寄席でもよく『音吉』をやりますね。子供って面白いもので、話の中身なんか全然わからなくても、音吉がパーパー言ってる、その音が面白いからケラケラ笑うんですよ。そうなると、僕も子供に対してやっているみたいな感じがあって」

寄席では無敵の滑稽講談。腕と度胸の音吉少年の、その後の男ぶりを聴いてみたい。


『忠治山形屋』は、松之丞が神田愛山に教わった話。「愛山先生のCDの中に入っているのがよかったから」と、稽古を願ったという。

「今、侠客は、世間から厳しい目で見られているんですね。国定忠治の生誕二百年の式典をやろうとすると、『何でやくざの生誕を祝わなきゃいけないんだ』とクレームがくる。コンプライアンスというんでしょうか、特に国定忠治には厳しいんですよ。忠治の末裔の人も、『忠治の血を引いてる』ということすら言わないそうです。だから地元で『山形屋』をやろうとしても、『忠治の話をしないでくれ』という空気感があると聞きました。清水次郎長も、やっぱり厳しいみたいです。唯一、そうでないのが『天保水滸伝』の飯岡助五郎、笹川繁蔵の両親分かな。あれはむしろ自治体なんかが観光資源として売り出そうとしてますよね」

そうした現代侠客事情はともかく、講談の『国定忠治』は面白い。ただのやくざ者が代官屋敷に斬り込んで、米蔵を開け放って、町人たちのヒーローになる。中でも『山形屋』はその面白さと痛快さで、一連の忠治物の中では抜群の人気を誇っている。

「地元の顔役にだまされた親子を助けて、今度はその悪党連中を強請りに行く。この場面の啖呵がいいんだけど、僕にとってはまだ難しいですね。小金井芦州先生のような貫禄で淡々とやれたら、かっこいいと思います。もっと年取るといいネタになるかなという気がします」

松之丞に芦州の貫禄が加われば、どんな侠客物も無敵だろう。

淀五郎

あらすじ

『仮名手本忠臣蔵』の稽古中に、判官役《はんがん》者が倒れたため、座頭の市川団蔵《いちかわだんぞう》が抜擢したのが、下回りの沢村淀五郎《さわむらよどごろう》。名題に昇進し、意気揚々と「四段目」の塩冶判官に挑むが、大《おお》星由良之助《ぼしゆらのすけ》役の団蔵は「こんな判官じゃダメだ」と、花道に座ったきりで淀五郎のそばへ近づかない。屈辱と怒りで淀五郎は死を覚悟するが、中村座の座頭・中村仲蔵に諭され、その指導を受けて、見違えるような判官を演じる。団蔵の由良之助も喜んでそばへ来る。

解説

『中村仲蔵』と対をなす、人気の芸道物語だ。松之丞は「『仲蔵』の方が好きだと言う人が多いですが、話としては圧倒的に『淀五郎』の方が難しいですよ」という。

松之丞版『淀五郎』の特徴は、淀五郎、三河屋（市川団蔵）、栄屋《さかえや》（中村仲蔵）という新旧三人の役者それぞれの芸に対する思いを、細かくていねいに描いていることだろう。それぞれの心情が、モノローグの形でじっくりと語られる。

「お前は何年、役者やってんだ！」「先人たちの芸を見てねえのか？」と罵声を飛ばす三河屋。栄屋は「淀さんのような若い世代が育つのが楽しみ」と好々爺《こうこうや》ぶりを見せ、芸の指導をする。淀五郎に対して、まったく対照的な感情を表してはいるが、親方二人の淀五郎を思う気持ちは同じである。そんな二人の気持ちに接し、淀五郎は一回りも二回りも、役者として成長していくのである。

本来はト書きの行間に埋もれてしまうような細かな心の動きまで語り尽くしてしまうので、意地悪な見方をすれば「ヤボな演出」といえるのかもしれない。だが、「そんなことはわかっているよ」とばかり、松之丞は若さと気迫で観客をねじ伏せ、納得させてしまう。恐るべき、そして頼もしい力業である。

中村仲蔵

あらすじ

家柄もなく、下回りから這い上がって名題に昇進した初代中村仲蔵《なかむらなかぞう》。『仮名《かな》手本忠《てほんちゅう》臣蔵《しんぐら》』の晴れ舞台で、当時は端役だった「五段目」の斧定九郎《おのさだくろう》の役を振られる。柳島《やなぎしま》の妙見様《みょうけんさま》に願をかけ、「これまでにない定九郎を作る」と意気込むが、名案が浮かばない。満願の日、雨宿りに入った蕎麦屋で、濡れそぼった貧乏旗本に出会い、「これだ！」と喜ぶ。さっそく侍の姿を移した衣装で本番の舞台に立つが、なぜか客席から喝采が聞こえてこない……。

解説

落語でもおなじみの大ネタで、講談も大筋では同じ展開だが、松之丞版はかなり大胆な編集がなされている。

まず、落語版では要所要所で重要な役割を果たしている仲蔵の女房が出てこない。師匠の中村伝九郎《でんくろう》も登場しない。芸を磨き、役の工夫をし、大胆な挑戦をする。そのすべてが、女房、師匠の力や知恵を一切借りず、「役者・仲蔵」ただ一人の問題として描かれるのだ。

「『中村仲蔵』に関しては、持ちネタの中で、良くも悪くも、一番変えたのではないでしょうか。僕は、最後に師匠と弟子で『よかったよ』なんていうくだりが大嫌いなんですよ。僕は自分の師匠の神田松鯉が大好きだし、尊敬もしているけれど、師匠と弟子が何かを分かち合うというのは違うと思うんです。芸を突き詰めるというのは、もっともっと孤独な作業でしょう。とりわけ仲蔵のように、家柄も血筋もない役者は、文字通り一人きりの戦いなんです。私の仲蔵は、その過程で師匠のことなんかどうでもいいと思っているはずですよ。だから、そこで孤独に闘っていく仲蔵をもっと見せたいんです」

そんな思いでこしらえた松之丞版の『中村仲蔵』。「講談の仲蔵ってこういう話なの？」と首をかしげる落語ファンもいるだろうが、ある意味で「目からうろこ」の新解釈ともいえるだろう。

「『中村仲蔵』というのは、工夫しなきゃいけない話なのに、みんな何のオリジナリティもなく、元の型のままやっている。それにもちょっと違和感があったので、落語と講談の型をかなりミックスして、ものの本も読んで、自分なりのものを作りました。若造の工夫ですが、私なりのオリジナルなのです」

一席物・名人伝

陽明門の間違い

あらすじ

足利十三代将軍義輝《よしてる》の家来、伊丹正利《いたみまさとし》の息子利松《としまつ》はまことに利口。正利が妻子を残して病で死ぬと、妻あやえは利松を連れて、飛騨高山へと住まう。利松は利口な上にたいへん器用で、十二歳の冬、雪で自分の顔型を取り、それを木に彫っているところを飛騨の銚子《さしなべ》に住む墨縄《すみなわ》という匠の目にとまり、弟子となって甚五郎《じんごろう》利勝《としかつ》と名をあらためる。成長した甚五郎は修業の旅に出る。江戸に着いた頃にはもう三十歳、浅草諏訪町の大工、政五郎の客人となって仕事をしていた。その頃、三代将軍家光が日光東照宮陽明門《ようめいもん》の普請を命じるが、二年経っても完成しないため、甚五郎たちは日光へ助太刀に行き、三カ月のうちに陽明門は完成する。ところが、はじめに普請を受け持った大工の栗原遠々江《とおとうみ》は、甚五郎を妬み、殺そうとする。遠々江の弟子・滝五郎は、自分が甚五郎を殺すと出かけ、仲間に甚五郎の気をひかせ、右腕を切り落とす。甚五郎の右腕を持って帰った滝五郎は、義理を通すために今度は遠々江の左腕を切り落とす。そしてその左腕を甚五郎に届け、自身は切腹して果てる。甚五郎に自分の非を詫びる遠々江。やがて家光より、上野東照宮の扉に龍を彫る命が下り、左扉は甚五郎、右扉は遠々江が手がけた。以来、左手一本で見事な仕事を続けたことから、左甚五郎と呼ばれるようになったという。

正宗の婿選び

相州鎌倉の大刀匠・宝龍斎五郎正宗《ほうりゅうさいごろうまさむね》は五十二歳のとき、一人娘のたがねの婿候補に、自分の門弟から仙吾《せんご》村正《むらまさ》、団九郎正近《だんくろうまさちか》、彦四郎貞宗《ひこしろうさだむね》の三人を選び、二十一日の間にもっとも優れた刀をこしらえた者を婿にすると言う。やがて刀が完成し、検分の結果、貞宗の刀が選ばれるが、納得できない村正は切れ味を試してみろと言う。小川を流れる藁《わら》で切れ味を測ろうとすると、村正の刀には藁が吸い寄せられ、触れるか触れないかのうちにプッツリと切れた。得意満面な村正に正宗は、天下国家を守るべきが刀の使命、殺気を帯び、剣の美しさを失うものは妖刀といって名刀ではない、村正の刀には傲慢不遜短慮の気が宿っていると言う。村正は怒りと失望で逆上し、忽然と姿を消したのだった。

鼓ヶ滝

有馬温泉にある日本三滝のひとつ、鼓ヶ滝《つつみがたき》を訪れた西《さい》行《ぎょう》法師。「伝え聞く　鼓ヶ滝に来てみれば　沢辺に咲きし　タンポポの花」と詠み、これほどの名歌はないと慢心している。やがて暮れ方となり、宿を求めて山道を進むうち、ようやく一軒の民家を見つけた。中を覗くと八十歳程の老夫婦と、七、八歳くらいの孫娘らしき者が囲炉裏《いろり》にあたっている。西行が自分は旅の歌詠みと名乗り、一夜の宿を所望すると老人は心良く招き入れ、鼓ヶ滝で詠んだ歌を聞かせて欲しいと頼む。ところが西行が先ほどの歌を聞かせると、すぐれた歌だが、ひとつだけ直せば名歌になると言う。西行は腹が立ったが、試しに話を聞くと、上の句はお爺さんが「音に聞く」と直し、次にお婆さんが中の句を「うちみれば」とし、下の句だけはと西行が思っていると、孫娘が「沢辺」を「河辺」に直すようにと、とうとう三人で「音に聞く　鼓ヶ滝をうちみれば　川辺に咲きしタンポポの花」と直してしまう。がらりと歌が良くなったことに驚く西行。そこへ一陣の風が吹き、気づくと民家はなく、西行は鼓ヶ滝の松の根方《ねかた》でうたたねをしていた。三人はおのれの慢心を諫めるために現れた和歌三神《わかさんじん》だったのだと、西行はますます歌道《かどう》に励んだという。

解説

大工、刀鍛冶、歌道、それぞれの世界に名人がいて、名人ならではの苦悩や喜びがある。

『陽明門の間違い』は、言わずと知れた名工・左甚五郎の物語だ。講談の甚五郎物には、人格の違う二通りの甚五郎が登場する。一人目は、普段はのんびりで、旅を好み、浮世離れした名人肌の男。これは落語の『竹の水仙』『三井の大黒』などでもおなじみだ。もう一人は、同じ名人気質でも、激しい気性で、男気のある甚五郎。『陽明門の間違い』では、後者の甚五郎が活躍する。

このネタを、松之丞は、神田愛山から教わった。

「愛山先生のを初めて聴いたときに、カルチャーショックを受けたんです。右腕を切り落とされ、『それで左甚五郎って言うんだ』と。この前、僕の高座を聴かれた高田文夫先生も『左甚五郎の名前の由来って初めて聞いたよ』っておっしゃっていました。

落語の甚五郎物は、もちろん講釈から来ているんですが、先代（四代目）桂三木助《かつらみきすけ》師匠の『三井の大黒』であったり、みんな楽しいイメージの甚五郎ばかりなんですね。ところが講談の『陽明門の間違い』を聴くと、トーンの暗さ、甚五郎の性格など、全然雰囲気が違うし、甚五郎の名前の由来なんて、初めて聞くエピソードですから、落語ファンの方はみんな面白がってくれます。ジャンルが違うと、こうも描き方が違うかというものの代表でしょう」

やはり講談が元になってはいるが、浪曲にも甚五郎ネタは多数ある。さらに、現在では浪曲にしか存在しない甚五郎物もあるようだ。

「結構みんな名人が好きなんですよね。ただ、僕は『陽明門』しか持っていません。他の甚五郎物は全然やる気がしないんですよ。『陽明門』の怖い甚五郎を、愛山先生は侠客みたいにやるんです。どう見ても職人じゃなくて、ヤクザそのものなのですが、それが魅力的なんです。愛山先生のは怖いんだけど、コミカルなところも結構あります。愛山先生のクスグリなのか、二代目山陽のものかはわかりませんが、ちょこっと合間に挟まると、ほっとしますね」

落語好きの松之丞だけに「こんな甚五郎もいるということを、もっと落語ファンにも知ってもらいたい」と言う。

『正宗の婿選び』は、神田松鯉が古い速記から起こした名人ものだ。「いいネタだろう」と松鯉が言ったのを、松之丞は聞いているという。

「正宗と村正が師弟だというのは事実ではないし、時代考証もかなりいい加減なのですが、『この後の村正の運命やいかに』と師匠が言うと、本当に気になってしまうんです」

ただ、正宗、貞宗、村正と、刀鍛冶の名人が次々現れるのだが、同じような名前ばかりなので、初めて聴くと、誰が誰やら、混乱する観客もいるらしい。

「『正宗』をやっていると、頭の中で、柳家小さん師匠が正宗で、談志師匠が妖刀村正、貞宗は柳家小三治師匠かな、なんて浮かんでくるんですよ、本当の意味ではわからないですが……。そういうのがひそかな楽しみです。ちょっと説教くさいネタですが、うちの師匠がやると逆に説得力があって面白いですね」

西行法師の歌行脚を描いた『鼓ヶ滝』は、松之丞が最近手に入れた読み物の中で「最高のネタ」だという。

「愛山先生バージョンですけど、『鼓ヶ滝』は本当に便利ですね。いわゆる『引きの芸』ですから、後輩の会に出るとき、先輩の会で悪目立ちしないようにするとき、講談らしさと滑稽のバランスがよく、出過ぎない。また前の人がものすごくウケているときにちょっと引いてみせるときなど、どんなシチュエーションでも『鼓ヶ滝』なら大丈夫。どこに行ってもいい点数を取って帰る優秀な読み物です。僕は向こう一年間で一番『鼓ヶ滝』をやると思います。それぐらい便利なんです。自分のブログに口演回数の集計を載せているのですが、ダントツですよね。今のところ、『鼓ヶ滝』ではずしたこともないんです。

また最近は、愛山先生の人となりみたいなことをマクラで喋った後、本編にちょっと愛山先生が出てくるアレンジをするんです。愛山先生への愛着がわかった上でこの話をすると、とてもいいですね」

愛山に『鼓ヶ滝』を伝えた六代目一龍斎貞丈は、「張扇を叩くな」という教えだったという。

「これは美しい昔語りを見せるネタだから、張扇を叩くとうるさいというか、野暮になる。美しい昔話のような形で聴かせるんだ」

愛山からこの教えを聞いた松之丞はというと、張扇をバンバン叩いているではないか。

「張扇を叩かないやり方は、年取ってからでないとキザになる。叩いた方が圧倒的にウケますよ。ただそういう空気を出したいときは、私も叩きません。臨機応変にしています」

『鼓ヶ滝』は講談の万能選手だが、天下無敵のホームランバッターというわけではないらしい。

「シングルヒットは必ず狙える、ツーベースも狙える、うまくいけばスリーベースいくかもしれないけれど、ホームランはない。だからトリでやるネタではないですね。落語家さんには『仲入り前でやるといいよ、説得力があって』と言われます。落語の『鼓ヶ滝』とは細部が違うので、その違いも楽しんでいただければ」

松之丞がこれほどベタホメするネタは珍しい。口演の確率は高そうだから、ぜひ高座で万能選手ぶりを確かめてほしい。

一席物・漫遊記

鉢の木　佐野源左衛門駆け付け

あらすじ

大雪の夕暮れ、下野国の佐野荘（現在の栃木県佐野市）の外れにあるあばら家に旅の僧が現れ、一夜の宿を求める。住人の武士は、なけなしの粟飯を出し、自分は佐野源左衛門《さのげんざえもんの》尉《じょう》常世《つねよ》と名乗り、以前は相応の身分だったが、今はこのように落ちぶれたと身の上を語る。囲炉裏の薪が尽きて火が消えかかったが、継ぎ足す薪もない。常世は松、梅、桜の三鉢の盆栽を薪のかわりに火にくべ、「鎧となぎなたと馬だけは残してあり、一旦鎌倉より召集があれば、馬に鞭打っていち早く駆け付け、命がけで戦う覚悟だ」と語るのだった。

翌春、鎌倉から緊急召集の触れが出た。常世は古鎧に身をかため、痩せ馬に乗って駆け付けるや、時の執権、北条時頼《ほうじょうときより》に呼び出される。諸将の居並ぶ中、時頼は「あの雪の夜の旅僧は自分である。言葉に偽りなく、馳せ参じてくれたことをうれしく思う」と、失った領地を返した上、鉢の木にちなむ三箇所の領地を恩賞として与えた。

解説

謡曲『鉢木』に描かれた佐野源左衛門の物語。松之丞が『三方ヶ原軍記』の次に教わったネタである。

大師匠、二代目山陽は、長い物語のうち、『佐野源左衛門駆け付け』の部分を五分、松鯉も含めた弟子たちに教えた。

「『鉢の木』は前座にできるネタではないけれども、これを覚えてみろと言ったときに、どれくらいできるかで素質がわかるというものだ」と二代目は言ったという。

最初は謡い調子で朗々と。後半は鎌倉時代のゆったりした修羅場になる。これが弟子の力を試す試験紙になるというのだ。

「一週間で覚えてきます！」

何を思ったか、松之丞は松鯉にこう宣言すると、約束を守るべく寝食を忘れた。

「僕が死ぬ気で講談の稽古をしたのは、あの一週間だけです。実際やってみると『鉢の木』って結構長いんですよ。全部で三十分、読み方によっては五十分ぐらいかかる。でも、一週間で覚えました。そしたら、師匠が『お前は名人になる』って言ってくれたんです！」

もちろん、松鯉は弟子を励ますために言ったに違いない。久しぶりに入門した男の弟子をやめさせるわけにはいかない。それにしても「名人になる」とは……。

松鯉に聞いても、「記憶にございません」ととぼけるかもしれない。だが、松之丞によると、松鯉の「名人」発言は、稽古のテープに残っているという。

「『鉢の木』は、入門したての人に教えるネタではないですよ。でも、講談らしい講談です。歌舞伎役者の中村勘三郎さんが『勧進帳』とかを変えるやつの気がしれないって言ってたんですけど、『鉢の木』もその筆頭格です。だから僕も手をつけていません。変えられないんです」

万両婿

あらすじ

江戸京橋五郎平衛町《ごろべえちょう》の小間物屋・相生屋《あいおいや》小四郎《こしろう》は上方に商売に行く途中、箱根の山中で、盗賊に身ぐるみはがされた江戸一番の小間物屋、芝神谷町の若狭屋《わかさや》甚兵衛《じんべえ》を救い、自分の着物と一両、住所と名前を書いた紙を渡して別れた。ところが若狭屋は江戸に戻る途中の小田原で病死。若狭屋が小四郎の着物を着て、また書き付けを持っていたために、小四郎が死んだのだと間違われ、一人になった妻おときは、いとこの三五郎と一緒になる。そうとも知らずに江戸に帰った小四郎に驚く一同。ところがおときは三五郎のほうがよいと言い、怒った小四郎は奉行所に訴え出る。大岡越前守は小四郎に、自分は死んだと思って、これからは若狭屋甚兵衛になれと言い、小四郎は若狭屋に婿入りし、三万両の身代を我が物にする。

解説

別名『小間《こま》物屋《ものや》政談《せいだん》』。今後、松之丞のレパートリーに入る予定の強力メンバーだという。

人間国宝・一龍斎貞水の肝煎りで始まった文化庁補助事業「伝承の会」は、若手講談師が一門や所属協会を超えて誰からでもネタを教わることができるという、意欲的な試みだ。松之丞は二〇一九年三月の発表会に向けて、二〇一八年九月頃から、宝井琴調の稽古を受けることが決まっている。その演目が『万両婿《まんりょうむこ》』なのである。

「琴調先生からは『夏過ぎてからでいいかな』と言われていますが、今から楽しみで、『万両婿』のあらゆるテープを聴き直して、自分なりのものを作ろうと思っています」

落語好きの松之丞らしく、『万両婿』も講談より先に、落語を聴いてインスパイアされたのだという。

「五代目三遊亭圓楽師匠の『小間物屋政談』がいいんですよ。特にあの、豪快でいい加減な大家さんが好きなんです。小間物屋小四郎と思われている遺体をろくに調べもせず、『まあいいじゃねえか、小四郎が死んだってことにしよう』と笑い飛ばす。前に国立演芸場で桂歌丸師匠がおやりになったそうですが、歌丸師匠みたいな感じの方がやるといいのだと思います。僕みたいな若造には、あの大家の味が出せるかどうか」

地方での公演、特に高齢者が多い会場では、シリアスな怪談よりも、「面白い」「嬉しい、楽しい」というネタが喜ばれるのだという。そういう意味で、背負い小間物屋で苦労していた小四郎が、最後には大きな商家の主人に納まるという『万両婿』は格好のネタだろう。松之丞は「僕の地方公演用ネタみたいなものの、代表作になればいいなと期待してます」と、腕をさすっている。

松之丞オリジナル作品

グレーゾーン

中学生の誠と柿本の二人。誠はプロレスは真剣勝負だと持論を唱えるが、ある本が出版され二人の関係性と運命が変わっていく。誠は落語家になってガチンコの人生が始まったが、そんなときに「笑点」のメンバーに選ばれて……。

スタジオジブリの方から褒められた作品。現在は封印中。ＤＶＤに収録されている。誠は落語家の瀧川鯉八《こいはち》、柿本は三遊亭小笑《こしょう》がモデル。四十分ほど。

桑原さん

奇人の桑原さんを描いた作品。田舎者、童貞、めんどくさい。奇人のエピソード満載。桑原さんはモテるために有機タバコの農業を始める。そして中国人の妻とネットで知り合い結婚するも、従業員の王君に妻を寝取られる話。

便利な作品で。バレンタインデーエピソードもあるので、二月十四日にやるとタイムリー感が少し出る。基本二十分くらいしかやらないが、全部で三十五分ある。

トメ

爺さんが深夜三時頃、寝られないと婆さんのトメを起こし続ける十分の作品。どうしたら寝られるようになるか。

時間がないときに便利、若者に人気がある話。人の情が描けている。

ワル一休

一休禅師の小さい頃を描いた作品。トンチが全盛期の頃から屁理屈になった頃を描いたもので「騏驎《きりん》も老いては駑馬《どば》に劣る」が、早い段階でできたことを創作九割で。

最後がダジャレで終わるので、比較的不評。でもそれも含めてワル一休らしい。史実とは関係ない。二十分ほど。

三年寝太郎

三年の眠りから、寝太郎が起きたところからはじまる話。現代でプロポーズしようとしている男の長い夢から、寝太郎の現実にいく。

寝ている人を肯定したいために作ったお話。「やっぱり寝ててよかった」というオチから作り始めた。二十五分ほど。

与情浮名右足〜よわなさけうきなのみぎあし〜

王様の右足だけを洗う男が、王様の猫の足を洗う女に恋をする話。最後、女性は夜の女性であると露見する。

猫づくしは、『お富与三郎』のパロディの口説きで終わる。観客一同、この人は何を言っているんだろうという空気に包まれて終わることが多い。やりながらすごく恥ずかしい。三十分ほど。

腹話術

義理の息子が公務員の職業を捨てて、義父に腹話術師になると告白するという話。まったく向いてなさそうな義理の息子に義父は……。

テンション芸で疲れる。お客様のアンケートに「講談が聴きたかった」と書かれた作品。十五分ほど。

西の天狗

江戸から明治期にかけて、上方で天狗と渾名される実在の天才落語家。しかし声が出なくなり、凋落。自らの噺を残したいと思ったときに、有名な松の大木へその声を吹き込む。そこへたまたま通りがかった小僧がそれを聞き……。

一番最初に作った作品。上方弁が難しい。三十分ほど。

出発《たびだち》

神田松之丞の実の曾祖父（古舘清太郎）が佐賀から早稲田大学へ進学する際、汽車に勝手に乗り込んだのが曾祖母。のちに清太郎は春秋社を設立する。

曾祖母の勇気がなければ、私の講談までつながっていないという。いろいろな人の勇気や覚悟が今日につながっているという。家族、親戚に大変な取材を敢行。NHKの依頼により作った作品。十二分ほど。

しゅうまい

しゅうまいという名前をつけられた小学生が主人公。そのせいで、みんなにからかわれていると父親に告白するが、しゅうまいという名前をつけた意味を解説していく。

お客様から、しゅうまい付き年賀状をもらってすぐに出来たもの。二十分ほど。

黒ガッテン

現代を代表する落語家の某師匠が、弟子を殺して土に埋めるところから始まるフィクション。「ガッテンしていただけましたか」の合言葉とともに悪逆非道を尽くす作品。

白ガッテン

捕まった某師匠が、現代の落語界の現状を吐露する作品。

ふたつとも二度とやらない。お蔵入り。全部で五十分。他に、もうやらない話に『姉妹都市』『怖い話』『ドレミファ』『タクシーの話』など。

現在、お客様から古典を求められるということが多い。需要と供給でいうと、そこまで新作はもう必要ではないのかもしれない。

ほとんどが前座時代、または二ツ目初期にやったもの。当初、本書は古典だけの予定であったが、あまりにも懐かしく新作も入れることにした。

近々の仕事で『卒塔婆小町』の新作を頼まれている。作品はこれから。

（文・神田松之丞）

1・2章監修（新作をのぞく）

神田松鯉（かんだ・しょうり）一九四二年生まれ。新劇・松竹歌舞伎座などの俳優を経て、一九七〇年、二代目神田山陽に入門。七七年、真打ち昇進。九二年、三代目神田松鯉を襲名。

3

松之丞、人間国宝・一龍斎貞水に講談の歴史を学ぶ

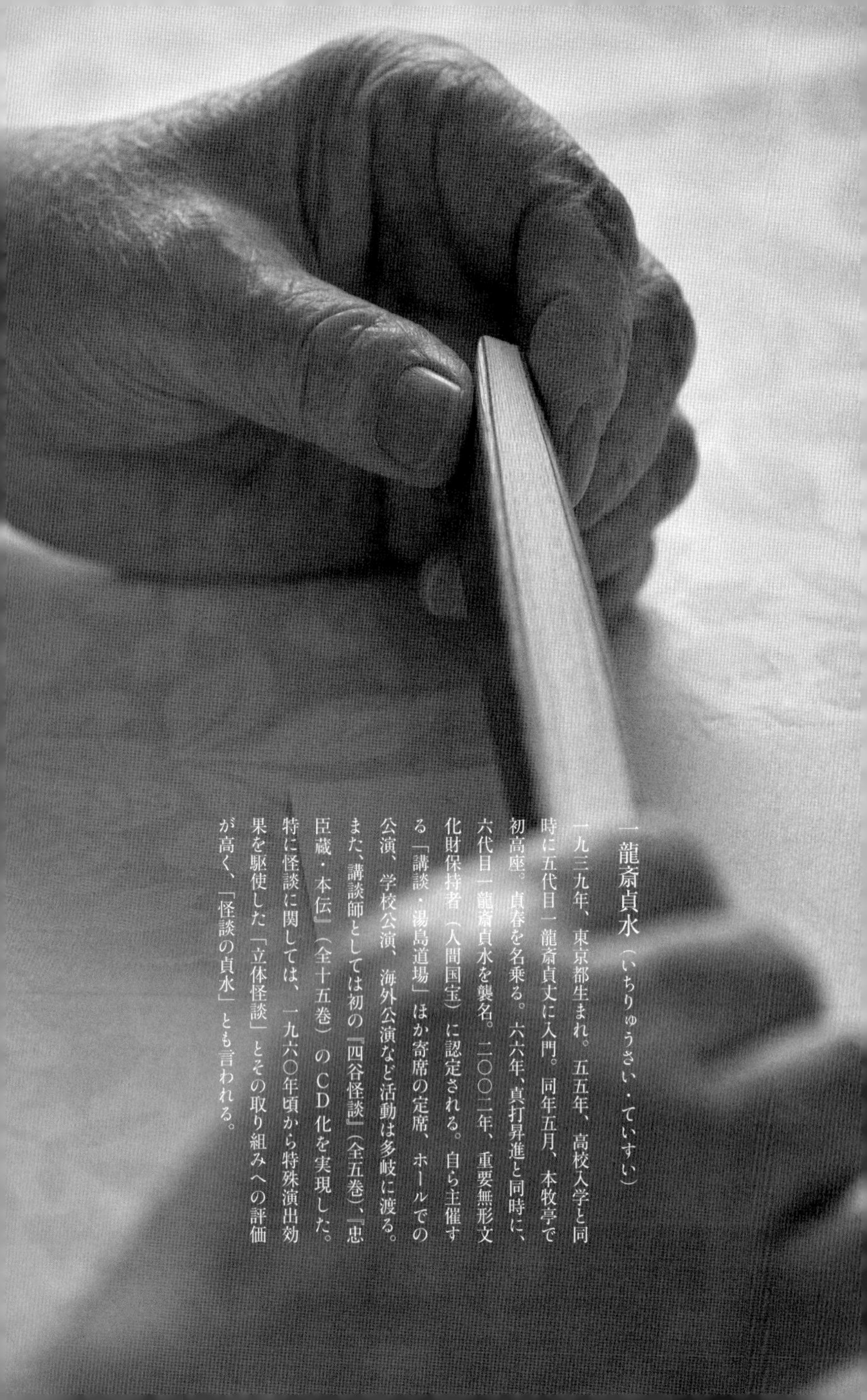

一龍斎貞水（いちりゅうさい・ていすい）

一九三九年、東京都生まれ。五五年、高校入学と同時に五代目一龍斎貞丈に入門。同年五月、本牧亭で初高座。貞春を名乗る。六六年、真打昇進と同時に、六代目一龍斎貞水を襲名。二〇〇二年、重要無形文化財保持者（人間国宝）に認定される。自ら主催する「講談・湯島道場」ほか寄席の定席、ホールでの公演、学校公演、海外公演など活動は多岐に渡る。また、講談師としては初の『四谷怪談』（全五巻）、『忠臣蔵・本伝』（全十五巻）のCD化を実現した。特に怪談に関しては、一九六〇年頃から特殊演出効果を駆使した「立体怪談」とその取り組みへの評価が高く、「怪談の貞水」とも言われる。

昔の楽屋、今の楽屋

――この本は、松之丞さんが案内する講談入門というテーマなのですが、松之丞さんはこの若さで、昔のことはよく知らないということなので、特に講談が低迷していた時代の楽屋の状況や当時の講釈師、さまざまなお客さんの話などを、一龍斎貞水先生から松之丞さんに教えていただく形でみなさんにも伝えられればと思います。

貞水先生の頃は、若手では田辺一鶴《たなべいっかく》先生[*1]と宝井馬琴《たからいばきん》先生[*2]しかいなかったんですか。

貞水　本当のこと言うと、一番知らないのは俺たちなんだ。ずっと楽屋にはいたけど、あの楽屋は知らない方がよかったんだよ（笑）。あの楽屋を知ってるからほかの楽屋が今やりづらいんだ。

1田辺一鶴（たなべ・いっかく）一九二九―二〇〇九年。一九五四年、十二代目田辺南鶴に入門。主に新作で人気を得た。

2六代目宝井馬琴（たからい・ばきん）一九三五―二〇一五年。一九五九年、五代目宝井馬琴に入門。八七年、六代目馬琴を襲名する。受賞歴も多く、講談協会の要職も歴任した。

松之丞　貞水先生は、一九五五年、十六歳のときに入門されたとのことですが、その頃の楽屋の空気と、今の楽屋の雰囲気はどのように違いますか。昔は今と違って圧倒的に男社会ですよね。

貞水　俺に言わせると今のは楽屋じゃないよな。要するに同好会のたまり場だよ。

　会社へ入ったって、会長がいて社長がいて部長がいて、ってあるでしょ。そこに平社員で入って来ても、自分で上下関係をエッフェル塔みたいなかたちで考えるじゃない。俺たちのときだってそうだよ。でも今は誰も先輩をたてるということをしないだろう。

松之丞　今は、貞水先生はたぶん神様みたいなお立場に、講談協会[*3]ではなっていると思うのですが。

貞水　なってないよ。俺見たらわかるじゃない。

松之丞　いえいえ、ピリッと（笑）。

貞水　神様ならもっとお賽銭が集まりそうだけど（笑）。

松之丞　細かくうかがっていきたいのですが、入門した一年目は当然お茶汲みもされていると思うのですが、誰のお茶はぬるめとか誰のは熱めと覚えるようなことは、今も昔も変わらず細かくやったものなんですか。

3講談協会（こうだんきょうかい）一九八〇年設立。それまでひとつだった講談協会が一九七三年に、方向性の違いから講談協会（分裂時の名称は講談組合）と日本講談協会に分裂した。貞水師は講談協会、松之丞は日本講談協会の所属。

貞水　まず、そこから違う。昔の楽屋ってのは楽屋に入って来てから覚えるようなやつはダメだったんだ。そういうことができてからでないと楽屋に入れなかった。できてもいないやつを楽屋に入れると、師匠の恥になるようなところがあった。

仮に何もできなかったとしても……実は俺も何も知らずに入ったけど、すぐ覚えりゃいい。今は、自分の家で日本茶も飲んだことがないっていうやつが入門して来るでしょう。そいつに「お茶」って言うと「紅茶ですか、コーヒーですか」って答えるよ。それが講談やろうっていうんだから。楽屋では、本当は先輩の兄《あに》さんたちが新しい弟子に教えるはずなんだけど、今はそれも意外になくて、「いいよいいよ」と許しちゃう。それでみんな「自分で淹れた方がいい」ってことになるしさ（笑）。

老大家たち

松之丞　貞水先生が入門されたとき、一番古い講談師の方はどなたでしたか。

貞水　あの頃楽屋にいたのはみんな老大家だった。邑井《むらい》貞吉《ていきち》先生*4も古かったけ

4　四代目邑井貞吉（むらい・ていきち）一八七九－一九六五年。一八九四年、三代目邑井貞吉に入門。文芸物や時事講談も多く手がけた。

ど、あの頃、芸歴ではなく歳では、小金井芦洲*5って人が一番古かったのかな。でもみんな同じくらい古いと思うから、歳なんか誰も気にしなかった。死んでからいくつだったっけって後から調べたり。だから、いまだに死んだ人の歳はよく覚えてないんです。

――貞水先生や一鶴先生のすぐ上にいたのはどなたでしたか。

貞水　間に何人か入ったりやめたりしたけど、忘れもしないのは麟慶《りんけい》に伯治《はくじ》、つまり、のちの芦洲*6と伯龍*7で、まだ下っ端だった。いや、その下がいなかった。

そこに貞鳳《ていほう》*8さんが入ってくる。続いて入って来た貞花《ていか》っていうのは、うちの師匠の御子息*9でのちの六代目貞丈《ていじょう》*10で、これは師匠の倅だから、何となくまわりが別格だと思い込んでいた。当人はいい人で、みんながそう思ってくれるのを気遣って、あまり悩み事も作らなかった。だから自分が弱ってても、ね、「弱ったよねキミ、アハハハ」って済ましちゃう人だった（笑）。

他には神田松鯉*11、あとは服部伸*12という先生も老大家だったけれど、この服部伸先生はまた別格だった。当時もう七十歳は過ぎていて、その歳であれだけの芸ができる人でも、もとは浪曲師だったという引け目のようなものがあるんだ。まわりもあいつは叩き上げじゃないというふうに思ってる。それで

5 五代目小金井芦洲（こがねい・ろしゅう）一八七七―一九六一年。一九四九年に五代目を襲名した。

6 六代目小金井芦洲　一九二六―二〇〇三年。一九四二年、四代目小金井芦洲に入門。六五年、六代目を襲名。九七年に無形文化財に認定される。立川談志が「最後の講釈師」と評した。

7 六代目神田伯龍（かんだ・はくりゅう）一九二六―二〇〇六年。一九三九年、五代目伯龍に入門。八二年、六代目を襲名。『小猿七之助』で芸術祭優秀賞受賞。

8 一龍斎貞鳳（いちりゅうさい・ていほう）一九二六年―。一九三八年、五代目一龍斎貞丈に入門。テレビ出演、また参議院議員としても活動した。

9 五代目一龍斎貞丈（いちりゅうさい・ていじょ

もあの人が独特の芸をやったら俺たちはかなわないということは認めているんだ。
その服部先生が、もう最晩年だったけど、放送局で『名将の兜《かぶと》』という話をやることになった。新田義貞《にったよしさだ》が討ち死にしたときにかぶってた兜が田んぼの中から出てくるという話で、そこで新田義貞討ち死にの修羅場《しゅらば》*13が入ってくる。ところが、「浪曲ならできるけど、その修羅場が自分にはうまくできない」って、もう服部先生は八十半ばくらいだったと思うけど、木偶坊伯鱗《でくのぼうはくりん》*14のところへ修羅場の稽古に通っていたんだ。「すごい世界だな、これは」と思ったよ。そういうことが当たり前なんだ。自分にないものは、「あの人はすごい」ってちゃんと認めているんだよ。お互いに認め合っているからこそ競える。だからいい塩梅にお互いがよくなる。そうやって認め合った上で、実に和気藹々としてたよ。

松之丞　仲がよかったんですか。

貞水　もう、あの歳になると、仲よくなっちゃうんだよ（笑）。

松之丞　そうですね、それはたしかに（笑）。

貞水　あの時代に講談界を背負って立ってたのは五代目宝井馬琴*15、それから七代目の貞山*16、それとあたしの師匠の五代目の貞丈。この三人が講談界の三羽

う）一九〇六—六八年。一九二五年、四代目昇龍斎貞丈に入門するが、三一年に師匠が急逝し、六代目貞山門下となる。三二年、五代目を襲名。貞水の師匠。

10 六代目一龍斎貞丈　一九二八—二〇〇三年。一九四九年、父である五代目貞丈に入門。六九年、六代目襲名。

11 二代目神田松鯉（かんだ・しょうり）一八八五—一九六七年。一八九六年、父である初代松鯉に入門。一九二一年の父の没後、二代目を襲名。

12 服部伸（はっとり・しん）一八八〇—一九七四年。一八九二年に浪曲師の浪花亭駒吉に入門。一心亭辰雄の名で活躍したが、節の声が出なくなったこともあり、一九三五年に講談に転向した。

13 修羅場（しゅらば）二三

がらすと言われていた。とりわけてうちの師匠は一番売れていたから、「一龍斎は講談界の出《で》羽海《わのうみ》部屋」とも言われたね。

この三人は、それぞれが「俺が歩けば人が振り返る」という自信もあった。ではこの三人が楽屋で一番ふんぞり返っていたかというと、そうじゃない。一番いいところへ悠々と座ったのは邑井貞吉であり松鯉であった。服部伸という人はさっき言ったような理由で、ちょっとはずれたところに座っていた。でも、それぞれの立場で認め合っていたんだよね。

だから五代目の馬琴先生って人はああいう人だから、「今度ァ車をオペルからベンツに取っ替えたんだけど」なんて言うと、貞吉先生が「君ね、車ってものは一人で乗るものでないよね。君は何かい、運転をするやつを雇わないんだね」「先生、車ってのは自分で運転しなきゃね、面白くないんですよ」「そうかい？　僕はね、運転させて後ろでふんぞり返ってるやつの方が偉そうに見えるがね」って話を平気でするんだよ（笑）。

そうかと思うと、今度は馬琴先生が「先生、これ金時計でね、二十四金でね、この時計が何とかで……」って、松鯉先生に自慢してる。すると松鯉先生が、「いや、人間は金（バカの意味）じゃあないのかい」って平気で言うんだよ。普通なら言わないよ、宝井馬琴にそんなこと。でも皆「アハハ」っ

ページ参照。

14 二代目木偶坊伯鱗（でくのぼう・はくりん）一八八三—一九六五年。木偶坊という名前は、実父である初代が、神田伯鱗という名で初代神田伯山の総領弟子だったが、自分ではなく末弟子が二代目伯山を襲名したため「俺を木偶の坊にしやがった」と改名したことに由来する。二代目伯鱗はやがて講談を諦めて講釈場の番頭になる。

15 五代目宝井馬琴（たからい・ばきん）一九〇三—八五年。一九二五年、四代目馬琴に入門。わずか五年で真打に昇進する。

16 七代目一龍斎貞山（いちりゅうさい・ていざん）一九〇七—六六年。一九二二年、六代目貞山に入門。怪談物を得意とし、「お化けの貞山」と呼ばれた。

て笑ってたよ。

松之丞 先《せん》の馬琴先生は、まわりをいじって笑いをとることが多い方だったと聞きますが、御自身がいじられるようなこともあったんですか。

貞水 そりゃ芦洲（六代目）に言われたら張り倒すだろうけど（笑）。

松之丞 先の馬琴先生も、それは認めるというか笑いに変えているんですね。

貞水 そうそう。だから自分も何か言い返すんだけど、あまりウケないんだ（笑）。

松之丞 当時の楽屋は、和気藹々というか賑やかな感じだったのですね。

貞水 賑やかだけど、それぞれの立場をちゃんとわかっていながら何か言う。先輩を先輩とも思わないような言い方をするやつはいないんだ。必ず奉りながらいじってるんだよね。

ただ、先輩は先輩だけど実に間抜けな先輩だよ。貞吉先生なんて人はおかしいんだから。突然楽屋で信玄袋を開けると、新聞紙で包んだ焼き芋が入ってるんだよ（笑）。それで「お前、楽屋の餅網をもらって来い」って、その上に芋を乗せてあったためて、ポキンと割って少し自分でかじって、あとを「御裾分けの礼というのを知っとるかい君たちゃ、食べたまえ」って。貞吉先生の芋をいらねえとは言えないので「忝《かたじけな》く頂戴」ってね。遊んでるんだよ。

松之丞　面白い楽屋ですね。

貞水　楽屋でね、貞吉と松鯉が何か話してるから聞いていると、「おい、本郷の岩本亭ってとこで君も初高座だったろ。あのときさ、楽屋の帰りに食ったあの汁粉な、あれ五銭だったか五厘だったかね」なんて話で。どっちだっていいじゃねえかそんなもん、五厘だろうと五銭だろうと（笑）。

本牧亭の頃

松之丞　先生の初高座は本牧亭[*17]ですか。

貞水　そうだよ。

松之丞　そのときの読み物は？

貞水　俺の初高座ってどれが初高座だか。初めて上がったときは貞吉先生に騙されたんだから[*18]。

貞吉って先生は、人格者で芸もあるし、講談組合の頭取だった。頭取って一番偉い人でしょ。楽屋でね、講談界のことで貞山、うちの師匠、馬琴、あとは桃川如燕[*19]だったかな、そのあたりがワーワーもめるんだよ。それを誰か

17本牧亭（ほんもくてい）　定席の講釈場として江戸安政期、一八五七年に開場され七六年に改称。その後、一九五〇年になり、名称復活し、唯一の講談の定席として貴重な存在だったが、九〇年に閉場。九二年に再開場されたが、二〇一一年閉場した。

18貞水師は、入門前に四代目邑井貞吉と出会い、本牧亭の楽屋に出入りしていたところ、周囲に孫と間違われ、学生服姿のまま高座に上がらされ、喝采を浴びたことが入門のきっかけとなった。

19三代目桃川如燕（ももかわ・じょえん）一八九八―一九七六年。後の五代目神田伯山。一九一八年、二代目桃川若燕に入門。

が、「こんなことでもめたら貞吉先生に済まないだろう」と言うとシーンとしちゃう。
組合の総会では、「最早貞吉は老齢につき講談組合の頭取という職を辞すという覚悟でござる。どうかひとつ、そのおつもりで皆様」って貞吉先生が言うとみんなシーンとしちゃって何も言わなくなるんだ。

松之丞　そういう感じは、落語界の左楽師匠[20]のような存在なんでしょうか。

貞水　それでシーンとしちゃったときに、突然思いもよらない桃川燕雄[21]が立ち上がった。立ち上がると着物がつんつるてんでね。「先生！　皆様方がご信頼申し上げているのに辞するということは無礼です！」「き、君、僕は無礼かい」「無礼です！」「そうかい、わかった」って、それで終わっちゃうんだよ。

松之丞　講談師の会合って感じがしますね。
昔の講釈場[22]では、先に出ている先生が、楽屋の仲間うちにも「どうだ」と自分の芸を見せつけるようなことが常にあったのですか。

貞水　仲間うちどころか、楽屋全体で常に他の人の高座を気にしてた。今は楽屋ったって高座から離れていることが多いし、高座の様子も聴こえてこない。で、楽屋でも何をしてるかわからない。

その後、三代目神田伯山、五代目神田伯龍門下となるが、伯龍死別後に神田派から離脱し、四九年、三代目如燕を名乗る。五七年、五代目神田伯山を名乗る。以降、空き名跡。

20 五代目柳亭左楽（りゅうてい・さらく）一八七二—一九五三年。一八八八年、春風亭柳勢に入門。一九一一年、五代目左楽襲名。芸だけでなく政治力や人格をもって落語会の重鎮とされた。

21 桃川燕雄（ももかわ・えんゆう）一八八八—一九六四年。一九〇三年、桃川実に入門。実力もあり、博学で知られた。伝統的で古風な芸風はなかなか受け入れられなかったものの、安藤鶴夫の小説『巷談本牧亭』のモデルとなり、有名になった。

22 講談専門に興行する寄席のこと。釈場ともいう。

松之丞　先生が前座の頃は講釈場は本牧亭一軒だけでしたか。

貞水　もう、一軒しか残っていなかった。その頃の本牧亭は、まず高座があって、高座の羽目戸からうしろに部屋がひとつあって、その部屋の真ん中に敷居があって、さらにその先にもう一部屋と、物干しがあった。物干しの手前あたりの場所に幹部連がいて、俺たち前座は、幹部連がいる部屋と敷居で分けられた高座に近い場所にいる。そこにいれば、楽屋の様子に目配りもできるし、高座の声も聴くことができる。

隙間から客席を見ていると、高座でこういう喋り方をしてるときは客がどんなふうに聴いてるかとか、何か滑稽を振ったときにどういうふうにウケてたかということがよくわかった。

そんな俺たちの様子を先輩方は見ていて、「あ、こいつは高座を聴いてるな」というときには声をかけてこない。「たいした高座やってねえな。下らねえこと言ってるな」というようなときには「おい、あんちゃんちょっと」「何すか」「お茶淹れてくれ」「わかりました」って。

そういうところも全部芸人なんだよね。お茶を淹れるといった用事をいつ頼んだらいいか、いつ声をかけたらいいかってことがわかる。俺たちも、楽屋の用事をしながら、先生方の様子を見ながら、客席の様子をうかがいながらってことが全部できる。それが楽屋なんだよ。

松之丞　捨て耳[*23]がよくできる場所だったんですね。

貞水　だけど今の楽屋ってのは、高座が見えないし、聴こえない。インターホンなんかもあるけど、音は小さくて、車に乗ってカナブンが飛んでる音聞いてるみたいで、何だかわけがわかんない。高座のリアクションもわからないし、お客さんの様子もわからない。これでは勉強にならないよね。

だから今の芸人ってのは、今高座でやってる人の芸よりも、自分がどうやろうかということだけを楽屋で考えているような気がしてしょうがないよ。人の高座なんか聴いてないから、自分のネタと前の人のネタの話の筋がかぶっていることもわからない。

また、それでも気にしないしね。今は前の人が何やったって平気だろ。そうじゃなくて、前の人がこういうふうにやったら客がこんな反応したんだから、「だったら俺はちょっと違うふうにやろうかな」って考えるのが当たり前だよな。

「前の人が高座に上がって三分で笑わせたから、あたしは一分で笑いを取る」ってやつもいるけど、それは講談の席じゃないよ。前の人がそんなに笑わせてたんだったら、もう十分間は笑わせなくていいんだ。最後にいっぺん

23 自然と耳に入ってきて身になること。普段から常に周りに注意をはらって、なんでもないと思うことでも心にとめておくこと。

に笑わせて下りてくれればいい。お客だってくたびれるからそうのべつは笑いたがらないんだ。

松之丞　本牧亭があった頃と今だと、読み物もかなり変わってきたと思われますか。本牧亭があった頃より、今は連続物が比較的少ないと感じることはありますか。

貞水　連続物をやらなくなったってことはたしかだよね。もちろん連続物はあった方がいいし、連続物をやることで当人の、晩年の芸がよくなる。つまり一席でまとまった話だと、ある場面が五分、ある場面が三分、あるところは八分というような構成でできるよな。ところが、その三分の部分を、連続物は一席でやってるわけでしょう。

一席に叩き上げた話を三分に縮める、あるいは三分の部分を三十分に延ばす。これはどちらもかなり難しい。だから、「ちょっと楽屋で書き物するから、長めにやっといて」って頼んだってできないんだ。ひでえやつなんて「長くやれ」って言うと二席やったりして、「トリじゃねえんだから二席やるな」って(笑)。

松之丞　トリの話が出ましたが、単純にトリの持ち時間の長さは今とは違いますよね。うちの師匠[*24]から習った話は、だいたい三十分ぐらいのものが比較的

24　三代目神田松鯉(かんだ・しょうり)一九四二年―。劇団、歌舞伎俳優を経て一九七〇年、二代目神田山陽に入門。九二年、三代目を襲名。松之丞の師匠。

多いと思うのですが、昔の本牧亭ではトリが二席やったというか、持ち時間が六十分ぐらいだったそうなので、時間の感覚も今と昔では違うのではないでしょうか。

貞水　昔の人はね、一席を何分にでもできたんだよ。引き事[*25]を入れるとか、このところはこういうマクラを入れるとか、もちろん話の邪魔にならないようにね。だから、一席は三十分でなきゃいけないなんていう規則はない。場合によっては一時間やらなきゃいけなかったり、反対に短くしなければならなかったり。それといつ頃からか気づいたんだけど、一席やってそれが終わったとたん、すぐ「後席は」って言うよな。

昔はね、一席終わると「お客さん、昨日火事があったけど、おたくの近所だったんじゃないの」なんて客に聞いてるんだよ。「いや違う、あれはとなりの町内」「あ、それならよかったですね。だけどねえ……」なんて話してる。そして、「では後席を」と。つまり「お帰りになりたい方はお帰りください」ということだよね。

それと今は、トリの高座が終わると、すぐ幕が下りてくるでしょう。昔は、トリの人が終わっても幕を下ろさなかったんだ。下ろすのは、お客さんがほとんど帰ってから。だからトリを取った人は、お客さんが席を立つまで「あ

25 講談の筋に関連したエピソードや、講釈師自身の体験を話すこと。

りがとうございました、ありがとうございました」と挨拶してる。そこにちょこちょこっと高座の方にやって来た客が、「先生、今日のやつのあそこのとこさ、俺はあんまり好きじゃねえ」とか「あそこはいいね」なんてやり取りがあったんだ。

松之丞　そんなやり取りがあったんですか。

貞水　だから『荒木又右衛門の三十六番斬り』[*26]なんていうのね、あれは客が作ったっていう有名な逸話がある。

最初は三人斬っただけだった。それも、二人斬ったところで、三人目が木刀で殴ってきたので、それをよけたら刀が折れちゃったから、三人目は殴り殺したんだ。ところが、終わったところで客が「先生面白かったね、明日何人斬るか楽しみだ」って言って帰っちゃったんで、三十六人まで延ばしちゃったっていうの。

――どんどん増えていったんですね（笑）。

貞水　……っていう話をね、講釈師は作るわけだよ（笑）。そうするとそこでまた、物知りの先生が「だから君ね、三十六番斬りというのは三十六通りに斬り分けなければいけない」と言う。「梨割りだ、唐竹割りだ、胴斬りだ、突きを入れた」って三十六遍斬れと。

26　日本三大仇討のひとつで、『伊賀越えの仇討』という講談。荒木又右衛門は、江戸時代初期に実在した武士。寛永十一年（一六三四）、荒木又右衛門が義弟の助太刀をし、敵の河合又五郎を仇討ちしたという史実が脚色されて、講談や芝居などになった。

松之丞　違う方法で斬れということですか？

貞水　違う方法で。そうしないと三十六通りにならないって言うから、俺も前座で生意気になってきた頃にある先生に言ってやったことがある。「先生、三十六番なんてね、それだったら三十六人斬れませんよ。七、八人でこっちが斬られちまいますよ」「何で？」「だって先生ね、相撲の決まり手を十五日間見てごらんなさい。みんな寄り切りとか得意な技ばかりじゃないですか。寄り切りで八番勝ったり、上手投げで二番勝ったりするでしょ。三十六番だって絶対に十人ぐらいは袈裟《けさ》がけで斬ってますよ」って言ったら「馬鹿野郎！」って（笑）。

松之丞　そういうふうに言えるぐらいの関係性だったのですね。

貞水　やっぱりそれはかわいがってくれた人にしか言わないけどね。

中座読み

松之丞　先生は前座の期間が長かったんですよね。[*27]

貞水　長いけどしょうがない。しょうがないし、前座の方が楽だったよ。今は、

27 入門から真打まで十一年かかっている。

すぐ二ツ目になりたがるじゃない。で、真打になりたがるじゃない。

松之丞　昔は「中座読《なかざ》み」という今はない特殊な言い方があって、先生の頃ぐらいから二ツ目という段階ができたというのは本当ですか。

貞水　あれは、おたくの大師匠の二代目山陽*28が、よしゃあいいのに出て行ってね。悪いんじゃないいんだよ、その頃「講談界のお節介」って言われてたの。

松之丞　当時、大師匠はそういう役まわりだったのでしょうか。

貞水　山陽さんがまだ中堅で、小伯山という名前だった頃。ちょうど俺が本牧亭の楽屋に入ったそのときが、小伯山改メ山陽の襲名披露だった。そうしたら、「落語はみんな何年か経つと二ツ目になってる。講談はずっと前座のまでかわいそうだから、二ツ目って制度を作りましょう」って言い出したんだ。それを聞いたうちの師匠はじめ古い講釈師たちは、「何言ってやんでぃ馬鹿な。真打の前に出るやつはみんな前座じゃねえか。それでいいんだよ。前座から真打になるもんだ」って。だから講談には、それまで二ツ目というのはなかったんだよ。みんな二枚目だからコウダンシだよ（笑）。

松之丞　前座と真打しかなかったということですね。

貞水　なかった。だから真打の前を読む人は、何番目に上がろうが前座とか中座読みって言い方をしていた。

28 二代目神田山陽（かんだ・さんよう）一九〇九―二〇〇〇年。家業の書店・出版社を営みながら講談を援助してきたが、一九三九年に師匠を持たないまま、品川連山の名で八代目桂文楽の身内となり、神田派に加わる。五五年に二代目山陽を襲名する。新作でも活動した。

29 六代目一龍斎貞山（いちりゅうさい・ていざん）一八七六―一九四五年。九歳で四代目貞山に入門。四代目没後、五代目門下となり、一九〇七年に六代目を襲名。『義士伝』を得意とし、講談師でありながら落語協会の会長も務め、政治力を発揮した。四五年の東京大空襲で死去。

松之丞　中座読みというのは「今日からお前は中座読みだ」と言われるのではなくて、何となくあの人は中座読みということになるのですか？

貞水　中座読みっていうのは、腕はあってもあまりパッとしない、しかし講釈場だったら客をとる、つまり講釈場でやるのがうまい人をいう。六代目貞山*29とか大島伯鶴《おおしまはつかく》*30という人は、どちらかと言うと講釈場には出なかった。座敷*31が忙しかったのと、そもそも座敷向きの講談なんだ。そういう芸風の違いはあって、みんなの中にいてワーッとやっているほうがいいのもいれば、講釈場の中でしとしと読んでるほうがいいやつもいる。そのなかで中座読みというのは、真打が事故や何かで来られなくなったときに、真打がその日に読む予定の演目を代演するだけの腕前があった人のことだった。

松之丞　なるほど。もう場所がすでに深い*32ので、それだけもう異名というか、何となく「あいつは中座だな」ということなんですね。

貞水　なかには中座読みでもなく、生涯前座で終わったという人もいる。有名な人では「けむ重《じゅう》」と呼ばれている講釈師がいた。松林《しょうりん》圓盛《えんせい》*33という芸名があったけど、「けむ重」で通ってるから、客は本当の名前を誰も知らない。昔はね、普段は高座の脇に名前なんか出さなかったんだ。だからお客さんは、「あいつは誰々だよ」って知らないやつに教えてやるのがまた通なんだよね。

30 二代目大島伯鶴（おおしま・はっかく）一八七七—一九四六年。初代は父。相撲の行司を志すが反対され、十三歳で旭堂南慶の弟子となる。一九一九年、二代目襲名。

31 料亭や昔は遊郭などで、芸人や芸者などが客に招かれて出演する席。多くは客が主催する個人的なもの。

32 寄席で出演が後のほうだという意味。通常、前座が先、だんだん芸歴が長い者、人気がある者が出演する。

33 松林圓盛（しょうりん・えんせい）一八六三—一九四一年。終生前座で通した。芸名より「けむ重」の呼び名で通っていた。病没したことも仲間に知られず、けむ重の死をネタにした詐欺師が現れたことで明らかになったという。

「俺は常連だ」ということで。

真打が高座に上がるときには小風呂敷のような袱紗《ふくさ》＊34を持って行くんだ。なかには張扇と扇子が包まれていて、それをお茶子さんが持って高座に上がり、釈台の横にぽっと置くんだ。その袱紗の色を見ただけで、「あ、今度は典山＊35だ」とか「あ、次は馬琴だよ」って常連はわかる。高座の脇に今みたいにめくり＊36を出すのはかなり後なんだよね。

松之丞　袱紗の色で誰だかわかるというのは面白いですね。先の馬琴先生はご自分で袱紗を持って出ておられましたが、もとはお茶子さんがやっていたんですね。

貞水　そう、今は自分で持って上がることが多いけどね。俺も真打になったときに袱紗持って高座に上がったんだけど、袱紗をほどく間《ま》が難しいんだよ。だからポーンと放り投げちゃった（笑）。

松之丞　昔の講釈師は、基本的には皆さん袱紗を持って高座に上がられていたのですか。

貞水　持って上がった人もいるし、高座に上がる前の楽屋までは包んで持ってきたりとかね。

松之丞　それぞれなんですね、やっぱり。

34高座を整えたり、楽屋の世話をする女性。
35三代目錦城斎典山（きんじょうさい・てんざん）一八六四―一九三五年。三代目一龍斎貞山に入門。一八九〇年に五代目貞山、一九〇七年に三代目典山を襲名。幅広い演題、すぐれた人物・情景描写で、近代の名人と評された。
36高座の横にある、そのとき高座にいる芸人の名前を書いた札あるいは紙。

貞水　でも、なかには何も包んでこないとか、もっとひどいのになると持ってくるのを忘れて来ちゃうやつもいた（笑）。

印象深い講釈師たち

松之丞　印象深い講釈師の方のお話をもっと聞かせていただけますか。

貞水　自分が聞いた楽屋話では、面白い講釈師というと、さっき名前が出た、けむ重と呼ばれていた圓盛という人。この、けむ重は不思議な人でね。葬式とかお通夜とか人寄せしてるときには必ず「ただいま参りました、松林圓盛でございます！」って言いながら入って来るから誰が来たかわかるんだが、いついなくなったかがわからない。

松之丞　それでけむ重だったんですね。なるほど（笑）。

貞水　煙《けむ》のように消えちゃうっていうんで「けむ重」。そのけむ重が南鶴先生[*37]のところを訪ねて来た。南鶴先生は長屋に住んでて、うちがどこだかわからないものだから、入り口から「南鶴先生のお宅はどちらですか、どちらですか！」って大きな声で怒鳴りながら入って来たって。

37 十二代目田辺南鶴（たなべ・なんかく）一八九五―一九六八年。一九一〇年に落語家の二代目三遊亭金馬に入門後、一五年に二代目三遊亭小圓朝門下に移る。一七年に講談に転じて、五代目田辺南龍門下となる。三八年、十二代目を襲名。

松之丞　すごいですね。

貞水　で、結果的には金借りて帰るんだけど（笑）。死んだときもどこでいつ死んだかわからなくて、煙のようにいなくなったというので、いまだにけむ重って言われてる。

それから一龍斎に貞海《ていかい》っていう講釈師がいた。その貞海って人は、ほんとに講釈はセコい、万年前座だった。ただ、張扇を張る名人でね。金がなくなると張扇を張って、それも人によって厚さを変えてくれるんだよ。「先生のお声ですと、この音でこのしなりがいいと思います」とかって。盆暮れにそれをいっぱい持ってくるものだから「ありがとよ」といくらか渡すんだ。

その人のことを、うちの師匠はよく知ってる。まだ師匠の貞丈が貞一、七代目貞山が貞之助という名前で前座の頃だ。その貞海が「あんちゃん、俺がサラ＊38切ってやるから」って、若い前座の前に高座に上がるんだよ。みんなまだ若いから、前に上がってもらえたらうれしいので、「じゃあ頼むね」「おう」ってなるんだけど、高座に上がると傍若無人なんだって。「お客さん、あとから出る若え野郎を聴いてごらん。俺の講釈と比べたら聴けるもんじゃねぇ。あんな、穴ぐらで屁ぇこいてるような講釈なんざ聴いたってしょうがねえぞ、お客さん」って、さんざんっぱらひどいことを言って下りてくる。

38サラ、サラ口。いわゆる開口一番。その日の番組の一番最初に高座に上がること。

すると、貞一と貞之助が「おい貞海さん、ひどいじゃないか、あんなこと言って。承知しねえぞ！」って怒ると、「申しわけない、どうもすいません！」って謝るんだって（笑）。それが一龍斎の名物男だったの。

あとは田辺南隣《なんりん》って人がいた。講釈師になる前は、文楽師匠[*39]の身内で文雀という名前だった。落語をやって最後に琵琶を弾くという芸だったんだ。その文雀が精神病院に慰問に行って琵琶を弾くんだ。そのときに付け髭をつけて、「あたしゃね、こういうことをしても気はたしかだからね」って言うとワーッとウケるんだって（笑）。

そいつが講釈師になった。俺が前座のときだったから覚えているんだけど、この人は高座が長いんだよ。喋り出すと止まらない。悪口言っちゃいけないけど、びっくりするほどうまかねえし、舌を噛んじゃうの。講釈の噛み調子って、ウワンワンッていう、修羅場調子の噛み調子はいけねえって言うけれど、その噛み調子じゃないんだ。そのくせ自慢は剣道の達人だっていうこと。千葉周作《ちばしゅうさく》っていうのは誰でも知ってるけど、千葉周作の弟子で千葉長作ってのがいて、その長作の弟子なんだって。レツゴー三匹だよ、それじゃ（笑）。

松之丞　広沢熊造みたいなものですね（笑）。

貞水　ただ剣道をやってたことはたしからしい。文楽師匠が言ってたけど「あ

39 八代目桂文楽（かつら・ぶんらく）一八九二―一九七一年。「黒門町の師匠」と呼ばれ、古今亭志ん生と並び昭和を代表する名人のひとり。

いつにおしぼりを絞らせるとパサパサになる」んだって（笑）。ただ、立ち合いだとか剣の場面がからっきしうまくないんだよ。

――ダメじゃないですか（笑）。

貞水　だけど高座は長いんだよ。

松之丞　長いというのは具体的にどのくらいの時間ですか。当時、前座の持ち時間は十五分ですか。

貞水　三十分。

松之丞　三十分ですか。では長いというと、五十分ぐらいやっている感じですか。

貞水　そう。知らせないと知らせるまでやってる。

たとえば桃川燕雄なんて人は、「このときに渋川伴五郎《しぶかわばんごろう》、*40大きな牛を持ち上げ投げつけようとして……」ってやってるときに時間を知らせると、「投げつけよ……、おあとが見えましたようで」ってね。

松之丞　乱暴な切り方ですね（笑）。

貞水　つまりウケようって気はないんだよ。お客もわかってるし、本人も切れ場*41であおってワーッてウケようという了見はない。「自分の役目はつなぐ役だ」と思っている人もいたんだよ。

40 講談『渋川伴五郎』の登場人物。天和～元禄期の柔術の達人で、少年の頃に暴れ牛の角を両手で握り、そのまま横倒しにしたという。講談では、伴五郎の父でやはり柔術の達人である渋川蟠龍軒が同輩の恨みを買って騙し討ちにされ、その仇を討つ話などがある。

41 連続物などの各回の終盤を指す語。

——桃川燕雄さんは、安藤鶴夫氏[42]の小説『巷談 本牧亭』[43]であれだけ取り上げられていますが、実際はどうだったんですか。

貞水　これからの講談界には、ああいう形の講釈師は出てこないと思う。ただ、仲間のなかで彼のことを芸がうまいと言った人は誰もいない。でも下手だとも言われないという講釈師だった。

前進座で『巷談 本牧亭』の芝居をやったんだけど、これがドル箱で今でもやっている。中村翫右衛門《がんえもん》さんが桃川燕雄の役だったんだけど、これが燕雄さんそっくりで、講談やったら十人が十人、「燕雄よりうまい」って言ったよ（笑）。それぐらい翫右衛門さんはうまかったんですよ。

燕雄さんは「講釈はうまくないから、自分は世の中に出ない」と言っていた。でも講釈は好きだった。あんなに博学なのに目に一丁字《いっていじ》もない[44]先生で本一冊持ってない。台東区は谷中の小屋みたいな家に住んでて、寝てて星が見えたって。往来歩いてる人が見えるんだよ（笑）。

——やな家ですね（笑）。

貞水　アンツルさんの小説の通りだった。しまいには「あまりといえばひどすぎる」って、前進座の大道具の人が来てきれいに直しちゃった。それで普段入ってくる隙間風が入ってこなくなって、体調崩して死んじゃったの。脳溢

42 安藤鶴夫（あんどう・つるお）一九〇八—六九年。作家・評論家。義太夫の八代目竹本都太夫の息子に生まれる。大学卒業後、都新聞に入社し、芸能関係の批評記事を執筆し、評価を得る。一九五〇年頃から著作を発表し、六三年に『巷談 本牧亭』で直木賞受賞。主な著書に『寄席紳士録』『落語鑑賞』などがある。

43 『巷談 本牧亭』（こうだんほんもくてい）本牧亭を舞台に、芸人たちや周囲の人々を活写した小説。

44 字をひとつも知らないこと。無学。

血で。

――なんですか、それは（笑）。

貞水　そうやってみんながシャレで言ってたら、前進座が本気にして大騒ぎになっちゃった。

燕雄先生は、「自分は決して世の中に出て、人気を争ったり技を競うっていう柄じゃない。けれども自分が子飼いから培ってきた講談という財産は誰かに残して死んでいきたい」という意欲はものすごく持っていたんですよ。で、そこにたまたま俺がぽつんと十六歳で入って来た。うまい下手じゃなくて、「しょうがねえからこいつにつなごう」というので、「これはこういうふうに覚えろ」って教わった。

でも俺なんかずいぶん燕雄って人を騙したよ（笑）。何しろ十年も前座やってるから、だんだん図々しくなってきて、サラ口から上がるのが嫌なんだ。それでいろいろ考えて、燕雄先生に、「先生、明日僕の同級生が高座を聴きに来てくれるんですよ」と言ったら、「心得た」って次の日は先に上がってくれた。それで、「私の後に若先生が御目通りをいたします。どうぞお楽しみにしばらくの間……」って言ってくれた。それに味をしめて「友達が明日来ます」ってネタを五、六回使ってたら、あるとき燕雄先生は高座を下りた後に俺のところへ来て、「若先生、本日お客席に若い方は一人も来ておりません」って（笑）。

伯麟先生にもいろいろ教わった。『鉢の木』[*45]なんて話は泣きながら覚えたんだ、つらくて嫌で。馬琴や、そちらの大師匠にも教えたみたいだけど、みんなわかりやすいように直しちゃったんだよ。たしかにわかりにくい話だから。でも伯麟先生から、「これは俺が大師匠[*46]からやっと教わった話で、これが講釈の原点なんだ。講釈の昔の形のひとつなんだから、お前だけはこれを壊さないでこのまんまで覚えてくれ」って言われたの。

不思議なことに、あんなに面倒くさい話がどういうわけか覚えられたんだ、そのときはね。だから、伯麟先生もあの時代にやっぱりなくちゃならない人だったんだよ。

だからうちの師匠も、伯麟と燕雄には「うちの弟子がお世話になります」とよく言ってくれたんだけど、俺もまだ子供だったから癖が移っちゃうんだ。木偶坊伯麟は、ものすごい癖の強い講釈師だった。不思議な調子でね。「このッときに」とか、言い方がタカッタカッて調子だったの。それで、一鶴の師匠の田辺南鶴が、俺の講釈を聴いて「かわいそうだ、この子はもうダメになっちゃう」「伯麟が移っちゃった」って泣いちゃったんだ。

45『鉢の木』 一七五ページ参照

46初代神田伯山（かんだ・はくざん）生年不詳—一八七三年。神田派の祖。『大岡政談』を売り物にしていたことから、大岡政談の代表的な演目である『徳川天一坊』の名をとって「天一坊伯山」と呼ばれた。そのため神田派では『天一坊』が重要な演目となっている。初代伯山は常に脇差を帯刀し、それを高座の脇に置いていたという。

南鶴先生はうちの師匠に、「ダメになっちゃったから何とかしてください」って言いに行ったんだけど、うちの師匠は「いいんだよ、真似ってのは杖なんだから。どこかで放しゃいいんだから。よけいなこと言わねえで放っといてくれ」って言ったんだ。

――南鶴先生はやさしい方だったんですね。

貞水　やさしいよ、南鶴先生は。一鶴は吃音で、天気が悪いとそれがひどくなるの。その割には変なことをするんだよ。『鍋島《なべしま》の猫騒動』[*47]をやったとき、おもちゃのびっくり箱を持って高座に上がったの。それを釈台の上に載せて、「鍋島丹後守《たんごのかみ》の前で」とか言いながらびっくり箱を開けると、中から猫が「ニャー」って出てくる。「何なんだそりゃ」って（笑）。

松之丞　それを少ないお客さんの前でやってるんですか（笑）。

――それは見たかった（笑）。

貞水　でもね、ちゃんと修羅場からやったよ。修羅場から叩き上げたから『東京オリンピック』[*48]ができたんだ。

――よく南鶴先生が育て上げましたよね。

貞水　南鶴先生の家は北区は王子の本屋だったんだけど、一鶴は弟子入りを許された日に、待ちきれなくて布団担いで家まで行ったんですよ。あの頃はみ

47『鍋島の猫騒動』　一二九ページ参照

48一鶴師の新作。東京オリンピック参加国すべてを読み上げ、人気を博した。

んな内弟子だったから、これから南鶴先生のところに住むことになるからね。でも着いたのが明け方で、南鶴先生はまだ寝てた。仕方がないから一鶴も飛鳥山《あすかやま》公園の石垣みたいなところで寝ていたら、そのまま交番に連れて行かれた。

——それは相当怪しいですよね。

貞水　それが弟子入り第一夜だって聞いたよ。でも、南鶴先生は一鶴をかわいがっていた。一鶴が吃音でうまく喋れないから、女中さんに怒られるんだよ。女中さんもさ、普段うるさい先生方に愛想ぶってるから、文句言いやすいやつがいるとちょうどいいやと思って、一鶴にワーワー言ったんだよね。すると南鶴先生が、「うちの子はね、かわいそうな子なんだ。講釈師になろうと思ってやってるんじゃないんだ。喋り方を直そうと思って一生懸命にやってるんだ。高座の前に文句言わないでくれ、かわいそうだから。喋れなくなっちゃうから」ってかばってくれるの。

——師匠がそんなことを言ってくれるんですか。

松之丞　やさしいですね。

貞水　クリスチャンだからね、スケベなクリスチャンだけど（笑）。

松之丞　柔軟なクリスチャンですね（笑）。

客数と笑い

松之丞 先生の前座時代、客席にはお客さんがどれぐらい入っていたのですか。

貞水 入ってないね。

松之丞 つばなれ*49してるかどうかというくらいですか？

貞水 最初の頃は「今日はつばなれしねえから入れ掛けだ*50」っていうのが何回かあったんだ。そのうちにだんだん客が来なくなっちゃったんで、たとえ一人の客でも大事だということになった。三人くらいしか客がいないと、その客がダボハゼみたいに小屋の羽目板にへばりつくんだ。だから演者が釈台をそっちに向けてやったら、びっくりしてかえって来なくなっちゃった（笑）。

松之丞 先ほど席の合間に、お客さんとちょっとお話しすることもあるとうかがいましたが、当時から講釈師はマクラを使っていたんですか。

貞水 使っていたよ。

松之丞 引き事もあると思うのですが。

貞水 だから、どっちが引き事でどっちがマクラかわかんない感じだったね。

松之丞 談志師匠*51あたりから、これからやる落語に関連するマクラだけではな

49 一から九までは、「一つ、二つ……九つ」と数えるときに「つ」を付けるが、十は「とお」と読むため「つ」がつかない。つまり、客が十人以上になることを言う。

50 大相撲の巡業や芝居などで悪天候や事故などを理由に興行を中止すること。

51 五代目立川談志（たてかわ・だんし）一九三六—二〇一一年。一九五二年、五代目柳家小さんに入門。六三年、真打昇進とともに五代目談志を襲名。八三年、落語立川流創設。

く、現代的に、「実はさっきここに来るまでにこういうことがあってさ」というように高座で話しておられたと思うのですが、講釈師の方も当時からそういう話もされていたんですか。

貞水　うん、してたよ。

松之丞　楽屋でも、マクラのネタになるような話はありましたか。

貞水　赤いセロハンと青いセロハンのメガネをかけて観る立体映画なんてのが出てきた頃、燕雄先生に映画の話をしたんだ。「先生、昨日ね、映画観て来ました」「どんなの?」「西部劇。西部劇ってのは日本で言うと合戦ですね。槍だとか矢だとかが飛んでくるんですよ。それを特別なメガネをかけて見るとね、それが目の前にピョーンと……」、そしたら「それは、危ない!」って燕雄先生が言うの(笑)。「説明しなさい、どうしてそういうふうに見えるか」って言われてたいへんだった。

もうひとつ困ったのがトランジスタラジオができたばっかりのとき。先代の松鯉先生が「何で線がないのに聞こえるんだ」って、十日間同じことを俺に訊いてたよ。「あんちゃんね、こう毎日訊かれればね、訊かれたやつが調べてくるはずだ」って。「先生、訊く方が調べてきたっていいじゃないですか」「年寄りにそういうこと言うな、酷だよおめえは」(笑)。

松之丞　いやー、面白いですね。先生もそうですが、昔の講釈師の方は話しているることが面白いですよね。

貞水　やっぱり芸人だよ。そういう人が講釈やるからおかしいんだよ。

松之丞　当時のお客さんは、笑いたいところでもみんな笑いを噛み殺して、あまり歯を見せないようにしてたと聞いたことがありますが、本当ですか。

貞水　笑ったらいけねえと思っているところはあった。

松之丞　客席はシーンとしていたのに、席がはねると、下足[*52]のところで「今日は面白かったな、笑っちゃったよ」とか言ってて、全然歯見せてないじゃないかと……。

貞水　客は鳶の頭《かしら》とか、彫り物しているような連中が多いからさ。あんまりワーッて笑わないんだな。

――お客さんが入らないとは言っても、たとえばトリの先生がすごく人気がある方だったとき、そのときだけ満席になるということはなかったのですか。

貞水　それはある。でもね、独演会とか特別なとき。

松之丞　お客さんがたくさん来ていた印象がある先生はどなたですか。

貞水　早く亡くなっちゃったけど、桃川若燕[*53]という先生は、講釈場ではお客を

52 昔の寄席は履物を脱いで入場することが多かったため、履物、つまり下足があるところ、すなわち出入口を指す言葉。

53 三代目桃川若燕（ももかわ・じゃくえん）一九〇〇―五九年。一九二五年、二代目若燕に入門。一九五二年に三代目を襲名するが、五九年に急逝した。

取ってたね。

松之丞　笑いも多かったのですか？

貞水　笑いも多かったけど、要するに講釈らしい講釈だった。講釈場らしいと言うか。あの先生が長生きしていたら、もっと世に出たんじゃないかということはよく言われてた。うちの師匠もそう言ってたよ。若燕先生は、俺が講釈師になって一番最初に葬式の手伝いをした先生だった。

――そんなに早く亡くなられたんですね。

貞水　一龍斎貞壽[*54]という人も客を取ってた。この先生は、前は山野一郎っていう名前で活弁をやってた人で人気があった。

一方若燕って人は、本筋の講釈なんだよ。この先生は、喋り方から何から全部講釈なんだ。弁慶が三井寺の鐘を盗んで来る『弁慶の釣鐘引[*55]』という話があるね。若燕先生はちょっとオーバーな講釈師だから、「弁慶がこの釣鐘を引っ張ると、ガンガラン、ガラガラガッチャンガランガラン、ガラガラガッチャンガランガラン……」って延々とやってるの。「……ガランガランガラガラガラガラ、ひょいと見たらうわっ、いぼがなくなっちゃった」って、そんなに引っ張ることはないんだけどさ。

松之丞　それは笑わせようと思ってやっているんですか、それとも演出として

54 一龍斎貞壽（いちりゅうさい・ていじゅ）一八九九―一九五八年。俳優を志したが叶わず、活動写真弁士として活動。一九二三年に新宿武蔵野館専属となり、徳川夢声とともに出演した。映画がトーキーになってから、六代目貞山の門下となり貞壽を名乗り、その後テレビなどにも出演した。

55 弁慶が三井寺との争いの最中に、三井寺から鐘を奪い、比叡山に持ち帰ったという伝説を講談にした。

ですか？

貞水　演出なんだよね。普通なら「ガラガラガラガラ」くらいでしょう。

松之丞　そうですね。

貞水　つまり、「バーンと殴ったら殴られたやつがブーンと飛んでっちゃって行方不明です」という言い方をするのは噺家で、講釈師なら「飛んで行ったっきり、いまだに行方がしれません。さて」というと。談志はこのやり方を喜ぶんだ。「貞やん、笑わせるのは俺がやっから貞やんは二の線でいってくれよ、いいだろ」「ダメなんだよ、俺たちだって笑わせないと客ついてこねえから」「いいんだよ、ついてこなくても」「よかねえっつうの！」って（笑）。

若燕先生は、『三国志』*56でも『宋朝水滸伝《そうちょうすいこでん》』*57でもやった。そのなかに「三豪傑桃園に宴して」って、関羽《かんう》、玄徳《げんとく》、張飛《ちょうひ》が桃の咲いてるところで宴会を開いて、これから大いに戦ってやろうと義兄弟の誓いを結ぶ「桃園の誓い」という話がある。ところが、その誓いのところが滅茶苦茶なの。何で誓いを立てたと思う？　馬鹿鍋*58なんだよ。豪傑三人が馬鹿鍋で一杯やってるの。で、「やおら立ち上がった関張魯智《かんちょうろち》深《しん》、扇面さっと押し開くと鞭声粛々《べんせいしゅくしゅく》」って、頼山陽*59だよそれじゃ（笑）。

松之丞　本当ですね。それは何を狙っているのですか？

56 有名な中国の軍記小説を講談にしたもの。江戸時代に漢学者が『三国志』などの翻訳をし、それを当時の講談師が講談とし、人物像や会話などに工夫を加えて定着してた。

57 註56と同じく、江戸期に講談となった中国の伝奇小説を講談にしたもの。

58 馬肉と鹿肉の鍋。

59 頼山陽（らい・さんよう）一七八一―一八三二年。天明～天保期の歴史家、文人。

貞水　わからない（笑）。ただそこで出てくる歌も、本当は違う歌なんだ。

――時代も何もないじゃないですか（笑）。

貞水　雰囲気を作っているだけなんだね。普通なら「鞭声粛々」って声を下げてやるんだけど、「鞭声ぃ粛々ぅ～」って堂々と本筋でやっているんだ。そういう娑婆っ気[*60]もあって、『妲妃のお百』[*61]などの毒婦物なんかもうまかった。

この先生は他にも変わったことをやった。川口松太郎[*62]の『鶴八鶴次郎』[*63]を講談にしたときなどは、釈台を取っ払っちゃって、新内《しんない》[*64]をやったこともある。

俺はこの先生でしくじったことがある。楽屋はみんな帰っちゃって、若燕先生がトリなんだけどなかなか終わらない……ところで、だいたい講釈師ってのは、切れ場になるとわかるでしょう。

松之丞　そうですね。

貞水　それで、若燕先生がなかなか終わらないから、楽屋で寝てたんだよ。切れ場になったら気づいて起きられるから。いまだに覚えてるけど、若燕先生は『鋳掛松』[*65]をやっていた。『鋳掛屋松五郎』。話の中に、松五郎が橋の下を見ると、物持ちが舟で通って、それを見た松五郎が「ふん、あんな遊んでいる野郎」と働いているのが馬鹿馬鹿しくなり、鋳掛けの道具を川に投げ込むところがあるでしょう。そこで、舟の上にいるやつが、「何するんですか。

60しゃばっけ、娑婆気とも。俗世間の利益や名誉に欲があること。

61代表的な毒婦物のひとつ。お百という女が、大坂の廻船問屋・桑名屋徳兵衛の妾となり正妻を追い出す。やがて桑名屋が没落し、徳兵衛と江戸へ出たお百は、小間物商で実は大泥棒の重兵衛と通じて徳兵衛を捨てるが、やがて再会し、徳兵衛を殺害。その後も数々の悪行を重ねるが、最後にはお縄になる。

62川口松太郎（かわぐち・まつたろう）一八九九―一九八五年。小説家、劇作家。久保田万太郎に師事し、一九三五年に『鶴八鶴次郎』などで直木賞受賞。

63『鶴八鶴次郎』（つるはちつるじろう）新内語りの鶴八と鶴次郎の恋と別れ、再会を描いた小説。

うちの旦那が身投げだと思ったじゃないですか」「何をぉ、身投げだと思った？　ヘッ、身投げじゃねえ、鋳掛けの荷投げだよっ。へい、お粗末！」って、そんで高座を下りちゃったんだよ。

――噺家みたいですね（笑）。

貞水　俺は切れ場がないから、若燕先生が下りて来たのも知らないで寝てたんだ。そしたらポーンって「起きろ」と（笑）。

――それはわからないですね（笑）。

昔の稽古

松之丞　いくつか珍しい先生方のお話をうかがいました。貞水先生は木偶坊の先生から『徳川天一坊』[*66]を習ったそうですが、連続物を教わるのは、どの先生からが多かったんですか。

貞水　木偶坊伯麟は芸を教えてやるという稽古じゃないんだよ。ネタをつけるんだ。ネタっていうのは講談だよね。「筋を教えてやる。芸は俺よりうまい先生方がいくらでもおいでになる、だから芸はそういう方の芸を習え」って。

64 浄瑠璃の一流派で、舞台から離れ、流し（門付け）の芸として発展した。三味線を抱えて吉原などの花街を歩く新内流しは、遊女たちに人気となった。

65『鋳掛屋松五郎』（いかけやまつごろう）江戸の文化文政期、貧乏人と金持ちの貧富の差は著しくなっていた。鋳掛け職人の松五郎は、日々一生懸命働いているが暮らしは苦しくなるばかり。ある日、金持ちたちが舟遊びをする様子を見て、働くのが馬鹿馬鹿しくなり、太く短く生きようと泥棒の道に入る。

66『徳川天一坊』（とくがわてんいちぼう）七五ページ参照

松之丞　なるほど、ネタと芸を分けているんですね。

貞水　うちの師匠もそれは言っていた。「ネタならいつでもつけられるよ、居眠りしてたってつけられる。芸ってのはそんなもんじゃねえ、芸ってのはな、つけるものじゃねえよ」って。さっきも言ったけれど、今は他人の高座をあまり気にしないじゃない。

　高座の声が聴こえて客席の様子がわかって、それを楽屋で観るというのが楽屋の修業だよ。今の連中は、今やってる人のことなんか全然考えてなくて、自分が昨夜覚えてきた話をどういうふうにやろうかってことだけ考えている。だから、前の人が自分より抜きん出て喋ってるか、読み損なってるか、そういう判断がつかないんだ。他の人の高座を聴いて、「あれ、同じ話をしてるのにこないだと違うな。何が違うんだろう。客が違う、客のウケ方が違う、雰囲気が違う、人数が違う」と考えて、「だからこの人はこういうふうにやるんだ」と気づくのが芸の勉強でね。

松之丞　たしかにそうですね。

貞水　だからあの一鶴さんですら、たまに勘違いして本牧亭で『ハイセイコー』[*67]をやった。一鶴さんが、高座から飛び降りて客席を「ハイハイ、ドウドウ」って駆けずり回るから、そのあとを客で来てた煎餅屋の隠居が「やめ

67　『ハイセイコー』競走馬ハイセイコーを題材とした、一鶴師の新作講談。

ろ！」って追い回して、二頭でぐるぐる回ってた。「何やって遊んでるんだ、一鶴さん。よしなよ」ってのにさ、「いやこれやったらさ、ウケたんだ」って。それはほかでやったらウケるよそりゃ。

――本牧亭でやったらダメですね（笑）。

貞水　客席で鳶の頭なんかが聴いてる中をね、ハイセイコーがパカパカやったって、そりゃあ煎餅屋の親父が追っかけてくるよ（笑）。

松之丞　状況に応じてどのネタを選んでどういうやり方をするか見極めるのは、まさに芸ですよね。ネタをつけるときは、木偶坊の先生から対面で教わったのですか。その頃「点取り」という稽古のやり方があったと聞いているのですが。

貞水　そう、点取りだったよ。

松之丞　私は、点取りというやり方をまったく知らない世代なんですが、どういうふうにやるものなのですか。

貞水　点取りっていうのはね、要するに書く物を持って前に座っててりゃいい。で、教えてくれる人が何か喋ってくれる。喋ってくれてる最中にわからないことがあっても、それを遮って「今のは何ですか」とは聞かないよな。だから喋ってることをそのまま書くの。何を書くかというと、まず年号、人の名前、土地の名前、あるいは登場人物が移動した距離がどのくらいかとか。こういうことは間違えちゃいけない。これは落語との違いだね。

松之丞　固有名詞ということですね。

貞水　うん、講釈師は「講釈の先生」って呼ばれるぐらいだから、人の名前などは間違えちゃいけない。だから書きとめてもいいと言われるけど、実際は喋ってる言葉すべてをそうそうは書きとめられないんだ。ところが、稽古をしてもらっているうちに、ネタをつけてくれてる人の癖がわかってくる。たとえば燕雄先生は、登場人物を必ずフルネームで言うんだ。荒木又右衛門なら「荒木又右衛門源義村が」まで言って、でもそれを一遍には書けないからまず「荒木義村」と書いておいて、次に同じ名前が出たときに「又右衛門」って続きを書けばいい。あとは自分なりの速記の記号を作っておく。

松之丞　稽古のときに速記力が試されるんですね。

貞水　そこで自分の口調も出るよね。教えてくれてる人が「ござりました」と言ってても、教わるこっちは「ございます」でも「でした」でも「だ」でもいいわけでしょう。

松之丞　なるほど。

貞水　これで一番得したのは一鶴さんなんだ。あの人は普通に字を書くのも速いんだけど、速記の学校へも通ってたんだ。自分が吃音だったこともあり、速記を勉強しようとしたんだね。偉いよね、あの人。

　ネタをつけるのは、楽屋に誰もいないときは、別の部屋でつけてくれる。それで次の日に、俺がその話を高座でやるのを楽屋で聴いていてくれていて、「あすこは違うよ、俺あんなこと言った覚えねえから」と言ってくれる。

――なるほど、そこで直していたのですね。

松之丞　教える先生によると思うんですが、基本的には「全部俺の言った口調とかをコピーしろ」といった稽古なんですか。

貞水　口調は真似ろとは言われない。教わるのは内容。今は、そこそこの芸のある人に稽古してもらうから、違った言い方とかすると、「俺の味が崩れる」とかってあるじゃない。

　だからうちの師匠はね、これはもういろんな本や何かにも書いたことだけど、教え方が全然五代目の馬琴さんと違うの。五代目の馬琴って人は、かなり自分なりに言った通りに教えた。だから、この間の六代目の馬琴君なんかは何十席って話を教わってるし、今の琴梅*68も五代目に似てたよね。宝井馬琴一門会に出ると、前座から真打までみんな宝井馬琴なの（笑）。

松之丞　コピーなんですね。貞丈先生はそうではなく、ネタと芸を分けていた

68 宝井琴梅（たからい・きんばい）一九四一年―。一九六六年、十二代目田辺南鶴に入門。六八年、南鶴逝去により五代目馬琴門下となる。七五年、真打昇進とともに琴梅襲名。

ということですか。

貞水　うちの師匠は、自分の通りにやれというのではなく、「そいつはどういう了見で喋ってるんだ」と、そういう言い方をした。だから、この前（六代目）の貞丈さんと貞鳳さんと俺と三人、全然口調が違うでしょう。それなのに、うちの師匠を聴いたことがないって言ってる貞心[*69]が一番似てるんだよね。あれも不思議でしょうがない（笑）。高座で「ただいま御紹介にあずかり」って貞心が言ったとき、「あれ？」って思って「お前うちの師匠真似してるのか」って訊いたら、聴いたことがないって言うんだ。

俺もずいぶん真似してたけど、うちの師匠が「世間で売れてるやつの真似しなきゃダメだ」って言うので、売れてるやつの真似ばかりしてた。

松之丞　つけていただいたネタの量でいうと、木偶坊の先生が一番多いですか？

貞水　多かったね。

松之丞　ご自身の師匠の五代目からよりも多いですか？

貞水　うちの師匠は、いくつつけてくれたろうね。ほとんどない。五席か六席ぐらいかな。

松之丞　そんなものですか。

69 一龍斎貞心（いちりゅうさい・ていしん）一九四二年—。俳優として活動した後の一九七〇年、六代目貞丈に入門。八〇年、真打昇進とともに貞心と名乗る。

貞水　ただ、ネタをつけるということは、直接稽古をすることとは限らないんだ。

うちの師匠は痛風が出るんですよ。俺がまだ貞水になる前のことだけど、「ちょっと痛風がひどくて行けないから、俺の代わりに柳橋の料亭の仕事に行って来い」って師匠に言われたことがある。柳橋の料亭ってのはしきたりがあって、芸人はどこから出入りしろとか支度はどこでしろとか、芸者衆に対してどうしろとかってあるんだ。だから「そんな柳橋の料理屋さんに自分が行くのは……」と尻ごみしたら、「お前、俺のお供をして何遍も行ってるだろ」と。さらに困ったのは「『男の花道』[*70]をやって来い」って言われたんだ。『男の花道』は師匠に教えてもらっていなかったし、そもそもまだその頃は『男の花道』なんて読み物は師匠がやるもので、自分がやるものじゃないと思ってた。

だから「その話はつけてもらってません」と言ったら、「馬鹿野郎、鈴本（演芸場）に俺が十日出てる間に一遍やってるのをお前は聴いてるじゃねえか。十日に一遍聴いてたらお前は一年に何十遍も聴いてるんだ。楽屋でもって舛蔵《ますぞう》[*71]とふざけて遊んでばっかりいるんじゃねえ！」って、知ってやがったの、うちの師匠（笑）。

70　名優・中村歌右衛門と眼科の名医・半井源太郎の交遊を描いた講談。歌右衛門が、自らの眼病を治した源太郎に恩返しをする。

71　八代目橘家圓蔵師の前座名。圓蔵師については註82を参照。

松之丞　捨て耳で覚えろ、っていうこともあったんですか。

貞水　捨て耳ではないんだ。つまり、稽古っていうのはさっき言った通りで、ネタはいつでもつけられる。これは俺の口癖でもあるけど、稽古ってのは、教えるものじゃない、伝えるものなんだ。伝えるってことは、伝えてもらう側の了見次第なの。ネタをつけるというのは話筋を教えることだから、寝っ転がっていたってできる。柳朝さん[*72]が寝ながらネタをつけていたという有名な話もあるけど本当かね……。

それでも筋はつけられるけど、高座でやる芸というのは真剣にやっているわけでしょう。どんな師匠だって、身体の調子が悪いこともあるし、誰かと喧嘩した日もある。そんなときに、稽古してくださいって言われても、いい稽古はできない。でもどんなときでも、講釈場や寄席へ木戸銭払って来てくださっているお客様の前では命がけで真剣にやっている、それをなぜ聴いてないんだ、なぜそれを盗まないんだ、ということなんだ。

だから、師匠が高座でやっている芸を脇で聴いていれば、「あ、今日はこの客層だからこの前とはちょっと呼吸が違う」とか「言い方が違う」とか「あれ、この話にこんな筋なかったはずだけど」ということに気づく。それが稽古だよね。だから稽古っていうのはしてもらうもんじゃないんだ。

72 五代目春風亭柳朝（しゅんぷうてい・りゅうちょう）一九二九―九一年。一九五一年に五代目蝶花楼馬楽（後の八代目林家正蔵）に入門。六二年、真打昇進とともに五代目柳朝を襲名。落語以外にテレビでも人気となり、立川談志、古今亭志ん朝、三遊亭圓楽らとともに落語四天王とも言われた。

俺も一遍ゲラゲラ笑ってからかったことがあったけど、おたくの大師匠が楽屋でいきなり手帳を出して、女流講談師に「えーと、あんたお稽古はいつがいいの？　……あ、そう。じゃその日にいらっしゃい」って言ってるんだ。「何ですか、先生」「稽古してあげるんだ」「へえー、月謝取るんですか」「月謝なんか取らないよ」って言ってたけどね。

松之丞　男性が女性に稽古するという苦労もそこにあったのでしょうね。

貞水　先代の柳橋師[*73]は（古今亭）志ん生師匠[*74]、小さん師匠[*75]のところで稽古してもらいたくて、小さん師匠のところへなんてひと月ぐらい通ったって言ってたよ。小さん師匠が朝起きてこないと、起きてくるまで掃除して待っていたとか。それでもなかなか稽古してくれなくて、とうとうおかみさんが「柳橋さんとこのお弟子さんが来てるから稽古しておやりよ」って言ってくれたとかね。そういうふうに熱心だと稽古もしてくれるんだろうけどさ。

うちの師匠が言う「伝えるもんだ」っていうのはね、そういうことだと思うんだ。ただ俺はどうも伝えてもらう気がなかったのか、いつでも覚えられると思ったのか……。うちの師匠は高座へ上がるときはメガネをかけてて、マクラふってるときはまだメガネをかけていた。それで「大石内蔵助が」といきなりパンと本題に入るとメガネをはずすんだけど、それまでは聴いてる

73 七代目春風亭柳橋（しゅんぷうてい・りゅうきょう）一九三五―二〇〇四年。一九五二年、三代目桂三木助に入門。五九年、六代目柳橋門下となり、八二年に七代目柳橋を襲名。

74 五代目古今亭志ん生（ここんてい・しんしょう）一八九〇―一九七三年。戦後の東京を代表する落語家のひとり。長男が十代目金原亭馬生、次男が三代目古今亭志ん朝。

75 五代目柳家小さん（やなぎや・こさん）一九一五―二〇〇二年。一九三三年、四代目柳家小さんに入門。五〇年、五代目小さん襲名。九五年、落語家として初の人間国宝に認定された。

ふりをしているんだ。メガネはずしたとたんにサーッと楽屋へ戻って、「おい舛やん、コーヒー飲みに行こう」って（笑）、それを誰かが告げ口したのか……。

――お見通しだったんですね（笑）。

芸を盗む

松之丞 流派を越えて稽古をしていただくということは、昔からあったのでしょうか。

貞水 一応、建前上は何か言っていても、「あ、こいつはものになるな」と思ったら、ほかのところのお弟子さんだとしても、やっぱり目をかけていたと思うよ。教わる方も、流派が違っても、その人に惚れたり、芸に惚れたら、どんどん盗みに行った。

ネタ盗まれると、「あ、この野郎、俺のネタ盗んだな」とか「また聴きに来てやがるな」って思うことはあるよ。でもそれはいいんだよ。「やけにこいつ俺のことをスケ[*76]に頼んでばかりいやがるな」って感じることもあるし、

76 役者や寄席芸人などの応援出演。また、代演。

ひどいやつになると「同じネタばかり俺にやってくれって、何だよお前は」って（笑）。

――「絶対何かたくらんでるな」と（笑）。

貞水　「私はこの話が好きなんです」なんて言ってるけど、それでも本当に「この野郎」とは思わないですよ。おたくの大師匠も言ってたけど、稽古をつけるということは、自分の勉強でもあるんだよ。つまり稽古をつけてもらったやつはね、必ずつけてくれた人の一番悪いところが最初に似るんだよ。

松之丞　それは面白いですね。

貞水　だから逆に「あ、俺はこういう悪い癖があるのかな」って気づくこともあるんだ。

――それは教えなければわからないものですね。

松之丞　昔はネタをつけるときも一回ですか。二回、三回と目の前でやることはあったのでしょうか？

貞水　俺たちのときは一回だったな。落語みたいに三遍稽古[*77]はなかった。その代わり「点取り」して一回ね。

松之丞　その一回のあとは、もう「本番の高座を聴いて学べ」ということなのでしょうか。

77 稽古をつける側が受ける側の前でネタをやり、時間を空けてそれを三回繰り返し、受ける側がネタを覚える稽古の方法。

貞水　そうそう。だけど、稽古をつけてもらったあとが大変なんだ。伯麟先生なんか、稽古をつけてもらうと、その後本牧亭に出たときに必ず聴いてくれていて、「おめえこの前つけたやつ、今日聴いたらちょっと違ってたよ」って言ってくれる。それで、「違ったところを気がついたうちに言っとくから一緒に来いよ」って、どこへ行くかと思ったら、だいたい浅草の神谷バーに行くんだ。

松之丞　昔からありますもんね。

貞水　伯麟先生、そんなに酒が強くないけどデンキブラン*78が好きなんだよ。あと頼むのは玉ねぎのおっきな串かつって決まってるの。それで、飲んでるうちに酔っ払っちゃうんだよ。伯麟先生は家が千葉の本八幡《もとやわた》で遠いんだけど、しょうがないから家まで送って行かなきゃならない。

　今は先輩が、「おい一杯飲み行こうか」とか「飯でも食うか」って言っても、若いやつは逃げることが多いよな。

松之丞　そうですね。

貞水　逃げるってのは、腹ん中じゃ、「一緒に飯食うとか一杯飲むんじゃなく、金だけくれ」っていうことだよ。「そしたらこっちは自分で飲みますから」って。俺たちのときだって、上の人と一緒に酒飲んで、そりゃあ怒られたり

78 浅草の神谷バーで明治期に生まれた、ブランデーを使った名物カクテル。まだ電気がめずらしかった頃、目新しいものの呼称の頭に〝電気〟をつけることが多く、この名称となった。

もしたけれど、その場でその人が何十年もかかって会得したことや覚えたことを、五分や十分で言ってくれちゃうんだよ。時たま「えっ！」と思うようなことを聞いたよ。

松之丞　そのひとことを聞きたくて一緒に行くということなんですね。

貞水　ところが怒られたりすると「ちきしょう」と思って俺も飲んじゃう。で、朝になって忘れちゃうんだよ。言った方も聞いた方も忘れちゃうから、いつになっても伝わってこないっていう（笑）。

伝統から新しいものが生まれる

松之丞　後世に残したい演目、残すべき演目と思われるものはなんですか。

貞水　講談の話芸、喋り方、リズム、言葉遣いというのがはっきり残る話だね。後世に残すって言っても、今の講釈師の人だって今の客だって、俺たちが講釈師になったときのことは何も知らないんだよ。

松之丞　たしかにそうですね。

貞水　つまり、たとえば何かひとつ、昔から残った話があったとすると、それ

はその時代その時代のお客さんが喜んで聴いてくれるような喋り方、演出の仕方をしたから、その話が伝えられて、今に残っているということになるよね。

新しいものをやってもお客さんがウケないこともあるし、反対に「こんな古い話は」と思ってても意外に喜んでくれるということもある。一時期、修羅場っていうものをみんなが嫌がったことがあった。「あんなものは古い」とか言ったけど、談志いわく、「笑わせるなら落語だ、掛け合いなら漫才だ、講釈は講釈やるよりしょうがないよ」って。

講釈というと、昔からあるものだよね。自分自身いろんなものに書いたりして残していることだけど、新しい形の講談を作らなきゃならない、ってみんなよく言うけれど、元のもの、古いものがわからないやつに新しいものは作れないと思う。

古いものをちゃんと勉強してから新しいものを作ったら、それは絶対に新しいものになるんだよ。林家三平[*79]が売れたとき、まわりからくだらないって言われたけど、あの人はお父さん[*80]のところで、嫌でも古典落語の芸風を聴いて育ったんだ。お父さん自身、そういうちょっと新しい感じを採り入れた人でもあったけど、元はちゃんとした芸だよ。だからそういう下敷きがあるか

79 初代林家三平（はやしや・さんぺい）一九二五—八〇年。一九四七年、父である七代目林家正蔵に入門。五五年頃からテレビで人気を博し、一躍スターとなった。現九代目正蔵、二代目三平の父。

80 七代目林家正蔵（はやしや・しょうぞう）一八九四—一九四九年。一九二〇年頃、初代柳家三語楼に入門。二四年に七代目柳家小三治を襲名するが、師匠の三語楼が東京落語協会（現落語協会）を脱退したため、名前の返上を求められる。五代目柳亭左楽の仲立ちで、三〇年に七代目正蔵を襲名。

ら、ああいう形の三平ができたんだ。圓歌さん[*81]だってそうだろう。

松之丞　圓歌師匠は、その時代に古典を普通にやってても勝てないという判断で、ああいう芸風になったと、ご自分でおっしゃっていたそうですが。

貞水　あるとき三平さんは、当時竹蔵と言ってた圓蔵[*82]に、「竹やん、竹やん。これ帰りにポスト入れといて」って頼んだ。そのはがきを圓蔵が俺に、「貞やん見てごらん。な、これだよ」と見せたんだ。すると「○○芸能社様　お仕事あったら宜しく」って書いてあるの。だからあの師匠だって、それなりに苦労してるから、それが生きてるんだよね。

松之丞　後世に残したいと願う演目よりも、その時代時代に合った読み物が受け入れられるということですか？

貞水　そういうものが後世に残るんじゃないの？

松之丞　それはつまり、今しかない、ということなのでしょうか。

貞水　だからネタを新しくするということは、お客さんに合うネタでなければダメだということだよ。お客さんだっていろんな人がいる。古典が好きな人もいれば新作が好きな人もいる。まして講談には、昔からニュース講談や文芸講談といったジャンルもあって、伊藤痴遊[*83]の政治講談をはじめ、時代に合った読み物をやって一世を風靡した人もいる。

81 三代目三遊亭圓歌（さんゆうてい・えんか）一九二九―二〇一七年。国鉄職員を経て、一九四五年頃、二代目三遊亭圓歌に入門。四八年に二代目歌奴を襲名した後、テレビや映画で人気を博し、時代の寵児となる。七〇年に三代目圓歌を襲名。

82 八代目橘家圓蔵（たちばなや・えんぞう）一九三四―二〇一五年。一九五二年、五代目月の家圓鏡に入門。六〇年代から、テレビやラジオでも活躍。度の強いメガネがトレードマークだった。八二年、八代目圓蔵襲名。

83 伊藤痴遊（いとう・ちゆう）一八六七―一九三八年。元は政治活動を行うジャーナリストで自由党員だった。板垣退助が講談で主義を広めようと提案したことから講談師として活動を始め、多くの著作も残した。

松之丞　先生は、古典と新作を分けてないのでしょうか。

貞水　自分の芸風では分けられないんだよ、きっと。だから、俺たちが一番憧れるのは、講釈師はスーパーマーケットだということだよね。お客さんが喜ぶいろんな品物が並んでて。

松之丞　何でもあって。

貞水　そこそこに買ってくれるっていうのがね。

張扇も喋る

松之丞　ところで、本牧亭で使っていた釈台は、今は先生がお持ちだとうかがっています。他の釈台とは音が全然違うと思うのですが、先生は釈台や張扇へのこだわりはありますか？

貞水　こだわりというより、まず最初に師匠から教わったのが張扇の張り方だったからね。さっき言った貞海っていうのが張扇の名人だったから、「貞海の型の張扇はこうだな」って、うちの師匠がさんざっぱら俺に教えて、「おっ、うまくなったな。じゃ俺の張ってくれ」と言うから、「なんだ」って

（笑）。

松之丞　一龍斎の張扇とか神田の張扇とか、門下によって違うものですか。

貞水　ないない。ただ張扇の作り方は意外にうるさいんだよ。糊が硬いと割れるとか、下には糊をつけるな、とか。

松之丞　それはうちの師匠も言っています。

貞水　みんな見た目を格好よくしようと思うから、糊で固めちゃうんだよね。それから、これだけはいまだにはっきり言えるけど、俺が講釈師になったときの張扇は、今の張扇みたいにでっかくないよ。

松之丞　そうなんですか。

貞水　今はね、誰がいつの頃からやりやがったのか、芯棒に万歳扇《まんざいおうぎ》じゃなくて舞扇を使うでしょ。あれの方がたしかに大きいしパタンと音がするけど、俺たちの頃にはあんなものを巻いた[*84]人は誰もいないよ。

――するとだいぶ小さいですよね。

貞水　白扇《はくせん》ですよ。それでもピシッと音がしたけどね。今はどちらかというとポンポン、ポコンポコンってな音がする。

それから、俺が最近気になってしょうがないのは、張扇の叩き方で、みんな同じ音がするということ。昔は張扇の音を聞いて高座にいるのが誰なのか

84 張扇の作り方はいくつかあり、ここでは芯棒に扇を使う作り方について語っている。張扇の詳しい作り方については一八ページ参照。

がわかった。

松之丞　張扇の叩き方は、神田や宝井など流派で違っていたんですか。

貞水　いや、その人によってだね。先代の馬琴さんなんてのは、張扇をおっぺし折るんじゃないかと思うくらいピシッとやってた。

松之丞　張扇を叩くタイミングは、うちの師匠からは基本的に自由だというふうに聞いていたのですが、先生の中でのこだわりはありますか。

貞水　ある。貞吉先生に言われたんだ、「お前、張扇も喋るぞ」って。張扇も空気になる。雷にもなる。地すべりにもなる。

――先生はあまり叩かないですよね。

貞水　読み物によってね。張扇叩いちゃいけない講釈っていうのもあるだろうし。俺は「張扇も喋るよ」っていうことだけは肝に銘じている。

松之丞　それはすごい大事なことですね。

貞水　張扇も、そうっと叩くときもあるし、速く叩かなきゃいけないときもある。序破急があると思うんだ。鳴らすのなら、いつだって同じじゃない？　ひょうひょうと聴いてるだけで場面が思い浮かぶときだってあるでしょう。

そういう叩き方をすればいいのに、人が駆け出して来る場面でも、ただパンパンパンパンパンと叩くだけじゃない。遠くから来ればだんだん音が大きくなるし、遠ざかって行けばだんだん音が小さくなったりするのは、計算してやるものじゃなくて、張扇をそういうふうに叩けなかったら、こいつは物語がわかってないってことだ。ものの本に修羅場では「三打二打一打」なんて張扇を叩く数が書いてあったけど、こんなのは言語道断だよ。バンド演奏じゃないんだからね。そのときの息遣いだってあるんだから。

松之丞　そのときの呼吸で叩くものであって。

貞水　そう、そのときの呼吸でこういうときは叩いちゃいけないとか、ほかにも、いくつかあるだろうけどね。

松之丞　初めての人は、張扇は楽譜のようなものがあって叩くときが決まっていると思っていることが多いんですよね。叩くのもお客様と呼吸を合わせることもありますね。

貞水　あんまり叩くとお客が「うるせー」って言ったりさ。「蝿がたからなくていいぞー」なんて言い返したり（笑）。

本牧亭の釈台

松之丞　先生にとって釈台はどんなものですか。

貞水　俺は釈台の前へ座るのが苦痛だったからね。

松之丞　それはどういうことですか（笑）。大問題な気がする（笑）。

貞水　講釈やらなきゃいけねえと思って。

松之丞　責任があるということですか。

貞水　釈台ってのはさ、自分一人のものじゃなくて、いろんな先輩がそこで苦労したり客を喜ばせたりしたものだなと思ったら、それだけでも非常に価値があるじゃない。だから、本牧亭の釈台は、席を閉めるときに誰かが持って行こうとしたから、「ダメ！」って引き取った。

松之丞　あの釈台は私も前座のときに何回か使わせていただきましたが、音が「パンッ」て跳ね返るようで、全然違いますよね。あんなすごい釈台は知りませんでした。

――あの釈台はすごく重いですよね。

貞水　あの釈台は傷だらけなんだよ。女性が講談やり出した後、女性の前座が重くて持ち上がらないから、引きずったり引っくり返したりするんで、角が丸くなってる。

――男性でも重いので、女性の前座だったら持ち上がらないでしょうね。

貞水　「あの釈台を使ってやりな」って言うんだけど、うちの連中も、持っていくのが重いものだから使わないの。

松之丞　音は抜群にいい、素晴らしい釈台なんですけどね。

女性の講談師が増えていることについてはいかがですか。

貞水　我々が講釈師になったときは、女性の講談なんて思いもよらなかったけど、今は女性の人数が多いってことは、女性用の講談っていう新しい形ができてきているんだろうね。それがこれからどんな講談になっていくのか。

俺たちの頃も、たまに女性で「講談やりたい」っていうのが来たんだよ。ただ、女性だからダメだということではなく、なんとなく不自然だった。浪曲は、節がついてるからというわけではないけれど、女が男の声出してもそれほど不自然に聞こえない。ところが講談とか落語になると、女が男の声を出すと変に聞こえる。田舎回りの宝塚みてえでね（笑）。

――すごい喩えですね（笑）。

貞水　でも、最近は女性でもそんなことはなくなってきた。本来の講談に戻ってきているんだと思うよ。最近は女流でも高座で踊り出したり、刀振り回すやつがいなくなってきたもの。いけないよ、講釈師が刀抜いちゃ。コマ回すんじゃないいんだから。

流派の違い

松之丞　昔は一龍斎、神田、宝井、田辺など流派によって芸風の違いがあったと言われていたと思うのですが、先生から見て流派の違いを感じる点はありますか？

貞水　ありゃあね、後になって格好つけて言ってるだけでね。

松之丞　なるほど、私もそう思います。

貞水　踊りだって何だって、習ったやつはそこに行けば「私は何流だ」って言ってるけど同じだよ。講釈師だってさ、「私は神田の芸風だ」って言ってたって、その前は桃川だったじゃないかって、そういうやつもいるよ。おたくの大師匠だって、教わったのは六代目貞山、あるいは大島伯鶴だよ。

松之丞　たしかに素人時代はそうですね。

貞水　教わったものを自分の芸にしたということなんだから、たまたま師匠とした人がその亭号だっただけで、こういう形でなきゃやっちゃいけないということはないよ。

松之丞　でも先生の中で、「一龍斎だからやっぱり『義士』[*85]をやる」という意識はありませんか。

貞水　一龍斎は『義士』が売り物だと定説になっているけれど、それは先輩たちが得意にしていたから。だから、一龍斎だから『義士伝』をやるのではなく、自分でちゃんと練って、ある程度お客さんが満足するような読み物になってからでないとやるべきじゃないと俺は思う。自分自身は、『義士』は一番少なかったね。

松之丞　当時は「四十にならなければ『義士』はやっちゃいけない」とか、「五十すぎでなければ内蔵助をやっちゃいけない」とされていたと聞いたことがあるのですが、それは本当なんですか。

貞水　それは年若くしてるよ。俺は六十って言われたもの。「『義士』と『曽我』[*86]と『伊達』[*87]は六十過ぎてからやれ」って。

松之丞　それはどれも大事な読み物だから、下手なやつがやったら困るので、年齢を六十歳以上としてブランドを守るということなのでしょうか。

85　『赤穂義士伝』八三ページ～参照

86　『曾我物語』（そがものがたり）源頼朝の時代に起きた、曽我祐成・時致の兄弟が父親の仇を討ったという、有名な仇討ちを題材にした講談。兄弟ともが仇討ちを通して命を落とすところも人気の要因となった。

87　『伊達騒動』（だてそうどう）伊達政宗の逼塞後、その跡継ぎをめぐって起きたお家騒動を題材とした講談。

貞水　そうだと思う。

松之丞　貞水先生が講談では初めて人間国宝になられてから、ご自身の意識が変わったところはどこでしょうか。

貞水　まず俺が一番困るのは、当人は何でなったかわからないんだな。世間で「あなたはあれをやったらこうなった」ってさ、そういうことは何もないじゃない。国宝になる直前まで「何だか知らねえけど、ちゃんとした講談やらねえで、一年中電気の箱持って[*88]喋り歩いてお化けの話ばかりやってやがって」って言われて……。

松之丞　電気の箱（笑）。

貞水　その前は「何だか金がなくなると、真夜中にテレビ番組に出てきてわけのわからねえことをやってる。何やってるんだあいつ、講談の勉強してないじゃないか」って言われてたもんだよ。自分でだって講釈がちゃんとできてるとは思わないし。だから俺は、「うちの一門、一龍斎貞までみんな同じだから、誰かと間違えたんだろう」ってさ。

――そんなアホな（笑）。

88　貞水師は「立体怪談」と称して、特殊な演出効果を駆使した怪談の公演に取り組んでいる。

講談界の分裂

松之丞　講談の団体も分裂しているんですよね。

貞水　いや、分裂ったってそれほどの分裂じゃないよ。マスメディアの人が書きやすかっただけで。でも、マスメディアで書いたとしても、プロレスなんかと違って講談じゃ世間が騒がないよ。落語だって分裂しているでしょ。談志が出たり、[*89]圓楽が出たり。[*90]ただ落語の場合は、ある程度は栄えててもめてたんだよ。講談はヒマだともめるんだよな。そこが違う（笑）。

——だいたいは誰かと誰かが仲が悪いとか、喧嘩したとかということが多いですよね。

貞水　講談はね、講談の読み物の中じゃわかったようなことを言ってるけど、わかってないんだよ。信長だって秀吉だって家康だって、天下取るために三人で仲良く話したり何かしてるんだよ。

分裂する前の楽屋は、宝井馬琴がいて桃川如燕がいて貞山がいてうちの師匠がいて、みんな一芸に秀でてて、「俺が俺が」って人ばっかりだよ。それでももめなかった。

89　一九八三年、当時落語協会で行われていた真打昇進試験において、弟子二名が不合格となったことに異を唱えた立川談志が、大半の弟子とともに落語協会を脱退した。談志は落語立川流を設立し、家元となった。

90　一九七八年、落語協会での大量真打昇進に異を唱えた六代目三遊亭圓生が、当時の協会会長であった柳家小さんと対立。圓生は弟子の圓楽らとともに脱会して落語三遊協会を設立したが、翌七九年に圓生が急逝。弟子の大半は落語協会に復帰したが、圓楽一門だけは戻らず、独自の活動を続けた。

松之丞　いずれ講談協会と日本講談協会[*91]が一緒になるなんて日は来るんでしょうか。

――我々寄席側から見ると、別に分裂している意味もあまりないようにも思えます。

貞水　ただ一緒になると嫌だなという人もいるんだろう。俺は、喧嘩ってのはひとつの土俵の上でやらなきゃ喧嘩にならないと思うよ。一緒になってからまた喧嘩すりゃいい。俺たちが前座だったときは、六代目貞山と大島伯鶴、これが仲が悪かった。けれども講談大会や大事な会のときには、看板並べて一緒に出てたんだよ。楽屋ではひとことも口きかなかったけど（笑）。それでも、仕事のためには同席した。そうなってくれりゃあいいんだよね。

講談は講談でしかない

松之丞　私は、四十年後ぐらいに講釈場を作りたいと勝手に妄想しているのですが、先生が講釈場を作るとしたら、ここがいいという場所はありますか。

91 東京の講談界には講談協会と日本講談協会の二団体がある。一九七三年に、女性講談師によるポルノ講談をめぐり、神田派が脱退するかたちで二派に分裂した。

貞水　俺はね、昔から湯島の自分の家を講釈場にしたいと言ってたの。たまに、てめぇの家で高座に上がってさ、すると小さい客席があって、「ちょっとあの話やってみてぇな」とか「ちょっと稽古してみたいな」ってときに、「おい講談やるから集まってくれ」というような感じでできればいいかな、って。

――街の講釈場という感じですね。

松之丞　今は日本講談協会に前座が少なくて（二〇一八年七月現在）、もしかしたらこの本の読者のなかに未来の講談師もいるかもしれませんが、先生から講談の魅力というか、「講談ってのはこういうところがいいよ」というお言葉をいただけますでしょうか。

貞水　講談に何百年の歴史があるのかはよくわからないけど、歴史っていうのはその時代その時代の人が作ってきたもんだよな。そして講談というのは、演者とお客さんが一緒になって作ってきた芸だよね。だから我々が話をこしらえるのでも、お客さんの反応を見ながら、「ここのところは、こうやった方がいいのかな」と、つまり、お客さんに作ってもらってるんだよ。

これからも、講談は演者とお客さんで作っていくものだよ。ただ、作っていくのだったら、多くの先輩から俺たちまでが脈々と受け継いできた伝統話芸・講談、日本独特の演芸、これを残してもらいたい。これの土台だけは壊さないでくれ、でも土台の上には何をおっ建てたっていい。講談の話芸というのは落語ではないし、物語でもない、朗読でもない、浪花節でもない。講談は講談でしかないんだ。ものの表現の仕方とか、講談独特の言い回しとか。今も新しい言葉遣いが出てきているけど、「ら抜き」の言葉を使わないのは講釈師ぐらいのものだろう。

松之丞　そうかもしれないですね。

貞水　俺たちだって、講談師になったばかりのときにはずいぶん先輩に怒られたよ。侍を演じているのを忘れちゃって、「おい君、やめたまえ」なんて言葉遣いして、「馬鹿！」って言われたり、町人が喧嘩する場面でも今の言葉遣いをして、「何の話してるんだおめえは！」「あっ！」なんて気づくことがあったんだから。

松之丞　講談というのは未来がある芸だと私は思っているのですが、先生からご覧になってどうですか。

貞水　あってもらわなきゃ困るよ（笑）。俺たちが講釈師になったときには未来があるかないか心配だったもの。あの頃は一鶴なんかとさ、人がまばらな客席のぞきながら、「俺たちが一人前になった頃あの客はどうなっちゃうんだろう」って言ってたよ。客がいないんだから。

松之丞　当時から考えると、ずいぶん講談師もお客さんも増えましたよね。そこから考えるとずいぶんとよくなりました。

貞水　だから、今の時代にね、俺も十六歳のときに戻って、一緒に勉強しだしてみたいよな。でも、あの時代だから俺はもったようなところはあるよ。今だったら、とっくにやめて、ほかのことやってるかもしれない。

工業高校へ行こうと思ってたんだから、それこそ町工場の所長になってね、宇宙船の開発してノーベル賞か何かもらってるよ（笑）。

（聞き手・長井好弘、本文註製作・編集部）

松之丞が語る、
過去・現在・未来

4

最初はみんな「わからない」

──本書には、老若男女にかかわらず、これまで講談に馴染みがなかったという人たちに、神田松之丞という気鋭の講談師を通して講談の世界を知ってほしい、松之丞をきっかけに自身の講談体験を広げてほしいという願いがこめられています。

松之丞さんの生の声、まずはご自身の「講談事始め」からうかがっていこうと思います。素人時代の松之丞さん、本名・古舘克彦《ふるたちかつひこ》君はどんな観客であり、何を聴いていたのか。そしてプロになってから、講談との付き合い方はどう変わっていったのか。講談の演者や演目を上げながら、お話を聞かせてください。

松之丞　講談を初めて観たときの体験はあまり覚えていませんが、多くの人が言うように、それほど面白くない印象がありました。

その頃一番困ったのは、その日観た落語の演目がわからないことだったので、僕は最初に、立川志の輔師匠が監修している落語事典みたいなものを買ったんです。

――『千字寄席』（PHP文庫）ですね。

松之丞　あの本はわかりやすくてよかった。それから落語評論家・川戸《かわど》貞吉《さだきち》さんの『落語大百科』（全五巻・冬青社）とか、東大落語会編の『落語事典』（青蛙房）まで網羅するんですが、そのとき思ったのは、落語はインフラがとにかく充実しているので、予習復習ができるんですよ。でも講談は、ネタ出しされていても「何？　このネタ」って、聴いたことがないものばかり。

――家へ帰ってわからないネタを調べようと思っても、何をどう調べていいかわからない。

今はSNSなどもありますが、それでもわからないネタがけっこうあります。

松之丞　情報は現場で集めろということでしょうが、あまり親切じゃないなって印象はありました。うちの師匠・神田松鯉のネタも、最初聴いたのが何だったのか覚えがなくて。うちの師匠に「初めて講談を聴いたときの印象ってどうでしたか？」と聞いてみたら、「硬かったな、わからなかった」って言うんですよ。師匠もそう言ったのは衝撃でした。結局みんなそう、時代も関係ないんですよ。だって、うちの師匠に「入門するときになぜ二代目山陽を選んだんですか？」と聞いたら、「わかりやすくて面白かったから」って言うんです。

――松鯉先生もそうだったんですね。

虎造の浪曲と山陽の馬力

――生の高座だけでなく、ＣＤなども聴きましたか？

松之丞　僕はＣＤなどの音から聴くタイプの人間だったんです。浪曲の二代目広沢虎造《ひろさわとらぞう》*1の『祐《ゆう》天吉松《てんきちまつ》』*2や『清水次郎長伝』*3を連続で聴いていました。だから逆輸入じゃないですけど、浪曲で初めて連続物の楽しさを知ったんです。しかも虎造の『祐天吉松』は未完だった。「えっ、この続きどうなるんだよ！」って唖然としましたが、もう本人は死んじゃっていた。

――「浪曲師になろう」と思ったこともあるとうかがっています。

松之丞　玉川福太郎先生*4に影響を受けたんです。その後も結局、いろんなものを聴きました。たくさん聴いていると、誰の何が面白いということより、「誰が記憶に残ったか」なんです。その頃面白かったのは、三代目の神田山陽兄《あに》*5さんです。

山陽兄さんが、二〇〇五年に文化庁の文化交流使としてイタリアへ行く前に、福太郎先生の「徹底天保水滸伝《てっていてんぽうすいこでん》　浪曲英雄列伝」という会で『安兵衛駆け付け』（八八ページ）をやったんです。山陽兄さんは力を加減してやることもあるのですが、そのときはメガネをはずしてすっと出てきて、本気だった。この『安兵衛駆け付け』が素晴らしかった。勢いがあり、迫力十分で、変なクスグリも入れない。「この人はすごいな」と思った記憶があります。

——他にはありますか？

松之丞　あとは『違袖《たがそで》の音吉《おときち》』（一六〇ページ）。横浜にぎわい座で、一龍斎貞水先生や上方の旭堂南陵《きょくどうなんりょう》先生*6なんて大物に混じって出てきて、「みなさん、貞水先生とか好きなんですか？　へえー、そういうの好きなんだぁ」といった感じのことをシニカルに言って、『音吉』に入ったんですが、とにかく馬力があって、ものすごくウケてました。僕が山陽兄さんで一番いいと思っているのは『青龍刀権次《せいりゅうとうごんじ》』（一五三ページ）と『安兵衛駆け付け』ですね。後に自分が講談師になって三、四日目ぐらいに、山陽兄さんが『安兵衛駆け付け』をやったのをこっそり聴いたんですが、そのときは「あ、この人講談に飽きてる」という印象を持ちました。

——山陽さんには『鼠小僧次郎吉とサンタクロース』という勢いのある新作を楽しませてもらいました。いつの間にか講談の会で姿を見なくなりました。

松之丞　エンターテイナーとしてもものすごく面白くて。東京の講談界にいてくれたらなあと思いますね。

——山陽さん以外にも若手の講談を聴いていますよね。

松之丞　そうですね。まだきらりという名前だった頃の神田鯉栄《りえい》姉さんを聴きましたが、ナマの高座で聴くと、明るくて面白いんですよ。現場というのは明るくて楽しくて元気よくが基本なんだなと、初心者のときに思いました。で、当時まだ二ツ目の阿久鯉《あぐり》姉さんは正直、「わからないなあ」と思ったんです。ただ、だんだん講談の耳ができてくると、阿久鯉姉さんが実にいいんですよ。きらり姉さんも素晴らしいけど、物語を聴き込む上では阿久鯉姉さんの魅力にはまっていきました。

――阿久鯉さんは寄席には出ず、講釈場育ちの純粋培養ということもあり、あえて笑わせようとか場を盛り上げようとはしないのでしょうか。

松之丞　でも、阿久鯉姉さんも「これは明らかに初心者の客だな」という感じのときには、ビシッと古典をやりながら、明るく盛り上げたりもするんですよ。硬軟両方できるんです。

――阿久鯉さんの演目で印象的なものは何ですか？

松之丞　内幸町ホールでやった阿久鯉姉さんの真打昇進披露興行、トリのネタは「八百蔵吉五郎《やおぞうきちごろう》」（『天明白浪伝』・六九ページ）でしたが、なぜか全然覚えてません（笑）。でもその日は、「八百蔵」で終わりではなく、トリの高座の後に、「追い出し太鼓の代わりに修羅場《ひらば》を読みます」って阿久鯉姉さんが言ったんですよ。これは昔の講釈場の名残ですね。お客さんが一斉に帰ろうとすると木戸が混むから、トリがおまけで軍談を読み、帰りたい人は先に帰るという。阿久鯉姉さんはそのとき、『信玄と謙信の一騎打ち』をやったんですよ。十分ぐらいでしたが、僕はそれを楽屋のモニターで聴いていて、思わず鳥肌が立ってきた。阿久鯉姉さんはものすごく気合が入っていて、印象に残っています。

僕が二ツ目になってから、そのことを阿久鯉姉さんに話しました。そうしたら、「時間が二分とか三分のレベルで、何言ってるのかわからないけど、鳥肌を立たせられる芸は講談だけよ」って。人によっては異論もあるかもしれませんが、いかにも姉さんらしい言い方でした。たしかに、阿久鯉姉さんが『甲越軍記』をやったとき、わずか二分か三分の間で、僕は鳥肌が立ったんです。あんなのは初めての体験で、「すごいな」って、心から思いました。楽屋のモニター越しだから、何を言ってるか、はっきりすべてはわかりませんでしたが、なんとなく『甲越軍記』だということはわかる。とにかくすごいものを聴いたという……。

――それなのにトリの「八百蔵吉五郎」は覚えていない。

松之丞　ええ、まったく覚えていません。楽屋ばたらきもありましたし、何より『甲越軍記』がすごすぎて、その前の演目が全部飛んじゃったんでしょう。

＊1　二代目広沢虎造（ひろさわ・とらぞう）一八九九―一九六四年。浪曲師。二代目広沢虎吉に入門後、一九二二年に二代目虎造を襲名。『国定忠治』『祐天吉松』など持ちネタも多かったが、『清水次郎長伝』で人気を博し、ラジオ放送で爆発的なブームが起きる。俳優として映画出演も果たした。五九年に脳溢血で倒れ、六三年に引退興行。翌年没した。

＊2　祐天吉松（ゆうてんきちまつ）掏摸《すり》稼業に身を持ち崩した経師屋（表装をする職人）の吉松は、豪商加賀屋七兵衛の娘おぬいの簪を盗んだところを見つかり、取り押さえられる。盗んだのは両親が病気だからと嘘をつくと、おぬいは同情し、金を包んだ紙包を渡して逃がしてやる。紙包には五両二分の金。おぬいの心に打たれた吉松は堅気に戻り、おぬいと再会し、入り婿となる。しかし、これを知った昔の仲間が吉松を強請《ゆす》りに来る。吉松はきっぱり断るが、それを逆恨みされ、加賀屋に火をつけられ、主人の七兵衛を殺される。吉松はその仇を討つために、妻子を捨てて

飛び出し、侠客となる。

＊3　清水次郎長伝（しみずじろちょうでん）大侠客・清水次郎長の生涯を描いた非常に名のある演目で、元は講談。特に三代目神田伯山が大評判とされる。伯山の『次郎長伝』に惚れ込んだ広沢虎造は伯山を追い回し、弟子の神田ろ山に伝授してもらう。虎造は、『次郎長伝』を全二十四篇に再構成し、演出の工夫を加え、代表的な演目とし、自らの代名詞ともなった。

＊4　二代目玉川福太郎（たまがわ・ふくたろう）一九四五—二〇〇七年。浪曲師。一九六八年、三代目勝太郎に入門。玉川一門の御家芸とされる『天保水滸伝』をはじめ『清水次郎長伝』『忠治山形屋』など任侠物で人気を博すが、二〇〇七年に急逝した。

＊5　三代目神田山陽（かんだ・さんよう）一九六六年—。一九九〇年、二代目山陽に入門。北陽を名乗り、古典の他、新作講談、また春風亭昇太らとのユニット「ＳＷＡ」でも活躍した。二〇〇二年、真打昇進とともに三代目山陽襲名。〇七年、出身地の北海道に移住。

＊6　三代目旭堂南陵（きょくどう・なんりょう）一九一七—二〇〇五年。上方の講談師。二代目南陵の次男で、一九三三年に父のもとに入門する。六六年、三代目南陵を襲名。上方講談協会を設立し、初代会長を務めた。

松之丞が震えた高座の先人たち

——上の世代の先生たちで、よく聴いていたのは？

松之丞　今は廃盤ですが、貞水先生の『赤穂義士本傳《あこうぎしほんでん》』（クラウン）という全十五巻のＣＤがとにかくよくて。僕は、虎造と貞水先生のＣＤで、「ああ、連続物は面白い」と気付かされたんです。

——松鯉先生のネタで印象深いものは？

松之丞　僕が上野広小路亭に入門願いに行ったときに聴いた『天明白浪伝《てんめいしらなみでん》』の「稲葉小僧《いなばこぞう》」ですね。「これが素人で聴く最後のネタになるだろう」と思いながら聴いていたんですが、これから入門を願いに行くってのが頭にあるから、どんどん緊張しちゃって、全然頭に入ってこなかったんです。「稲葉小僧」はお客さんにはウケてたけど、頭には入ってこないながらも懸命に聴きながら、徐々に覚悟を決めていった。あれは不思議な体験でした。

——古いテープやCDも含めれば、まだまだありそうですね。

松之丞　そうですね、一龍斎貞鳳《ていほう》先生（一九〇ページ）の『鼓ケ滝《つつみがたき》』（一七三ページ）は明るくて楽しくて、いい講談だなと思いました。あれはテープでしたが。

——現代的で、今聴いてもわかりやすいですよね。

松之丞　「なるほどこれは人気が出るな」と思いました。あの時代にこれだけの明るさとわかりやすさっていうのはなかなかないだろうなとは感じました。

他にも昔の音源はかなり聴いていますが、技術的な参考というより、知識としてという感じでしょうか。

——五代目の宝井馬琴《たからいばきん》先生（一九二ページ）は？

松之丞　馬琴先生は、国立劇場の視聴覚室で古い映像を観ました。上下《かみしも》が間違っていたり、細かいミスもときどきあるのですが、すごく感情移入ができるんです。笑わせて、そのあとしっかり泣かせるみたいなことが、馬琴先生には瞬時にできるんですよ。ただ残っている音源が、全盛期よりも、年取ってから少し無理しているように思える頃のものが多いのが残念です。

六代目の馬琴先生（一八五ページ）は、やっぱり修羅場です。修羅場は美しい。これは理屈じゃないんですね。馬琴先生だとCDで『湖水乗切り《こすいのりき》』[*1]（『決定版　講談名演集』二枚組・日本コロムビア）が出ています。

修羅場のかっこよさでいえば、宝井琴柳《きんりゅう》先生でしょう。『甲越軍記《こうえつぐんき》　川中島合戦』[*2]（『講談かぶら矢会CDBOX』六枚組・講談かぶら矢会CD製作委員会）など講談特有の、硬質の言葉の美学が溢れています。修羅場の美しさ、かっこよさは、CDでも十分に伝わってきますね。

――神田伯龍《はくりゅう》先生については。

松之丞　二〇〇三年だったと思いますが、国立演芸場でやった「米朝伯龍二人会」には行きました。伯龍先生が亡くなる三年くらい前ですね。そのとき、桂米朝師匠が『天狗裁き』をやって、伯龍先生が『鋳掛松《いかけまつ》』（二二一ページ）をやりました。それが実によかったという記憶があります。『鋳掛松』は読み物自体も面白いのですが、さらに伯龍先生の口演も素晴らしかった。

――米朝師匠もよく聴いていたのですか？

松之丞　生の高座を六回か七回聴いているはずですが、そのときの国立演芸場が初めてだったかと思います。もう人間国宝になっていて、「米朝」のめくりが返ったときに、地鳴りのような拍手が起こった。あれは僕にとって、初めての経験でした。今の柳家小三治《こさんじ》師匠でも、あそこまですごいことにはならないんじゃないかな。「うわぁー！」って歓声まで上がった。初代林家三平師匠の全盛期の「うわぁー！」という歓声とは、また違うじゃないですか、米朝師匠の「うわぁー！」は。もうすごく心地いいレジェンドを生で聴いているという喜びでした。米朝師匠は得意ネタの「天狗裁き」を最後まできっちり演じてくれた。僕はすっかり感激して、その後、京都まで「米朝一門会」を聴きに行ったりしました。

――米朝と伯龍という組み合わせがまた、面白いですね。

松之丞　そうですね。その二人会のときは、米朝師匠、伯龍先生ともにお元気で、「ああ、いい二人会を観たな」と思いました。自分たちの円熟した芸を張り合うわけでもなく、ただ二人が並び立っているというか、違うジャンルで一生懸命頑張ってきた同志という印象がありました。

――小金井《こがねい》芦州《ろしゅう》先生（一九〇ページ）は聴きましたか？

松之丞　芦州先生は、間に合ってないんです。たしかその二人会の年に亡くなりました。談志師匠が「最後の講釈師は虎さん（本名・岩間虎雄）の芦洲だったな。でも伯龍がまだいるな。

伯龍はちょっと違うんだけど、まあ匂いはあるよな」と著書の中で書かれていたのを覚えています。

――芦州、伯龍の両御大は、同時代の人で当然ライバルと見られていたからか、あまり仲がよくなかったと講談ファンはみんな知っていましたね。たしか一回だけ、「芦州伯龍二人会」をお江戸日本橋亭でやったことがありました。

松之丞　その会は、阿久鯉姉さんが素人時代に観に行ったそうです。聞いたら、開口一番の前座が「今日は楽屋がピリピリして怖いです」って言ったところ、ドカーンッてウケたって。そういう会だったんですね。

――両先生には、珍しく二人で千葉まで仕事に行ったところ、ご難に遭って出演料をもらえず、地元特産のスイカを山ほど現物支給されたというエピソードが残っています。とにかく帰りの電車賃もないから、スイカを売って金に換えようと、道端で商売を始めたのですが、まったく売れない。「当たり前だよそりゃあ、この土地の特産品なんだから売れるわけねえだろう」と（笑）。

松之丞　いいですねえ。芦州先生は侠客を演るのがうまかったですよね。生で芦州先生を聴けなかったのは本当に残念です。

――これまで、素人時代の講談見聞記をうかがってきましたが、客として聴いていたときと、「講談師になるんだ」と決めたとき、あるいは「講談師になった」後に聴いたときでは、やはり聴き方は変わりましたか。

松之丞　観るときの思いや目的が違います。さらにその先に行くと、自分がそのネタを持っているのと持っていないのとで聴き方が違ってくるんです。

演目解説でもお話ししましたが、前座二、三年目の頃、うちの師匠が東京文化財研究所で、『徳川天一坊』（七五ページ）を連続でやって、その音を残すという仕事をしていました。『天一坊』は、もちろん学生時代に講談の速記を読んだことはありましたが、師匠の生《なま》の『天一坊』を聴いて、「はあ、これを覚えなきゃいけないのかな」と思いました。それまでは、「読むの難しそうだな」というぐらいの認識しかなかったんです。自分がやろうと思うと超弩級に難しいんだなということを、あのとき痛感しました。まさに圧巻の高座で。

ただ初めて講談を聴く人がたいてい「何だかよくわかんないな」って思うのも仕方ない。凄味は伝わると思いますが、定席で二十話ぐらいある連続物の四話目ぐらいを、あまり説明せずにポーンとやったりするのは、初心者には難しいかもしれません。僕の受信能力が低いというのもあるのでしょうが、私もあのときもっと『天一坊』を知っていたらより楽しめたでしょうね。

＊1　明智左馬助の湖水乗切り　豊臣秀吉の一代記である、講談『太閤記』のなかの一席。明智左馬助は明智光秀の重臣で名を明智秀満といい、左馬助は通称。光秀の敗死を

知った左馬助が、居城の坂本城に引き上げる際、琵琶湖を馬で渡ったという逸話を描いた。
＊2 甲越軍記 川中島合戦 上杉謙信と武田信玄の決戦を描いた講談。

落語と講談を聴き比べると

――落語と講談には共通するネタが多い、というより、講談から落語になったネタがほとんどなんですよね。

松之丞 左甚五郎《ひだりじんごろう》＊1のような名工物は、むしろ落語の方が盛んですよね。でも、甚五郎ものも元は圧倒的に講談からきていると思います。『陽明門の間違い』（一六八ページ）で甚五郎が右手を斬られてしまうところのリアルな描写など、落語と講談でこんなに視点が違うのか、という面白さがあります。

――落語の甚五郎は「ただ面白いやつ」という感じで、そういう変人が奇跡を起こしてしまうという話がほとんどですね。リアルな名工物、あるいは人間ドラマという雰囲気はありませんね。

松之丞 泥棒の話でも、講談では有名な大泥棒やマジな泥棒が出てくる。落語とは全然視点が違うなというところにも、感銘を受けました。それまでずっと落語ばかり聴いていたので、

「講談の視点で見るとこんなにマジなんだ」って。そういう驚き、発見の楽しさがどんどん広がっていくんです。

――講談と落語は、本当に似て非なるものだから面白いですね。落語も、割と筋がしっかりしているものの方が好きですか。

松之丞　『心眼《しんがん》』など、むしろ落語的じゃないネタが好きですね。落語と講談に共通するネタで言うと、『井戸《いど》の茶碗』には興味はありませんが、『万両婿《まんりょうむこ》』（一七七ページ）はやってみたいです。うちの師匠が工夫した『柳田格之《やなぎだかくの》進《しん》』があるのですが、あれを教わりたいなとも思います。

――松之丞さんは落語の寄席で育って、「成金」[*2]で落語家さん相手に火花をちらしています。そういう環境にいて、講談の「笑い」についてどうとらえていますか？

松之丞　それはネタによりますね。落語と同様、講談にも緊張と緩和が必要ですが、講談の部分できっちりと緊張がなかったら、緩和もできないんです。講談本来の硬さがあるからこそ生まれる笑いもある。ただ、うちの師匠の『勧進帳《かんじんちょう》』[*3]などは言い立てが本当に見事で、笑いを入れる必要はまったくない。僕も『淀五《よどご》郎《ろう》』（一六四ページ）や『中村仲蔵』（一六六ページ）には笑いは入れません。あとはセンスの問題で、面白くできるところ、していいところは、笑いがあった方がいい。高座はエンターテインメントなのだから、「講談に笑いがない方がいい」という発想はありません。

＊1　左甚五郎（ひだり・じんごろう）江戸時代に活躍した伝説の名工。日光東照宮の眠り猫をはじめ、全国各地に甚五郎作とされる作品はあるが、その生涯など詳細は不明。講談ほか落語や芝居など甚五郎を扱った話も多い。

＊2　成金　二〇一三年に落語芸術協会の二ツ目十一人によって結成されたユニット。

＊3　勧進帳　源義経が兄・頼朝の怒りを買い、奥州へ逃げる最中に、加賀国は安宅の関で起きた出来事を描く。「勧進」とは寺や仏像を造るために寄付を募ることで、その勧進の目的が書かれたものを勧進帳と呼び、この演目は、武蔵坊弁慶が白紙の勧進帳を読み上げる場面があることから、勧進帳の題名がついた。元は能で、それが歌舞伎となり、講談や浪曲に派生した。

江戸の闇

――徳川家康のような歴史上の人物あり、極悪非道の大悪人あり。幅広く、特異な人が多い講談の登場人物を、演者としてどのようにとらえているのでしょうか。

松之丞　たとえば『赤穂義士伝』の『赤垣源蔵徳利《あかがきげんぞうとくり》の別れ』（八三ページ）なら、兄弟の別れがテーマですが、この話では兄弟仲が悪いという設定です。私にも四つ上の兄がいて、会えば普通に喋りますが、頻繁に会う仲ではありません。それでも『赤垣』のように死ぬ間際に兄貴に会いに行くというのは、けっこう普遍的な心理を描いているのではと思います。もはや現代人には侍の感じ方、考え方がよくわかりませんが、侍の心意気は好きだし、赤穂義士の忠義への思いというのは、やはり普遍のものを描いているのではないでしょうか。そういう点では落語も変わらないんですよ。講談は悪いところも良いところも含めて、それぞれの人間性を描こうとしているのではないかと思います。

――講談には殺人鬼とでも呼びたいような悪人も出てきます。

松之丞　これは不思議なんですが、僕ももちろん人を殺したことはないし、聴いている人たちも殺人現場なんて見たことはないでしょう。演者も観客も、お互い想像するしかないのですが、僕はなんとなく、「俺は人を殺すことができそうだな」と感じるんです。実際はわからないですよ。ただ、そういう心の動きを意識しながらやっているので、僕の悪党物の評判がよいのかもしれません。こういうものは、逆に想像力が豊かすぎると気持ちが引いてしまうんですよ。僕は「侍が刀を抜いて相手を殺す」なんて場面、全然違和感なくできます。

――松之丞さんは「江戸の闇」ということを言いますね。

松之丞　ええ、江戸の闇。江戸時代後期、特に文化から文政年間（一八〇四～二九）あたりの江戸の町には、「今の時代はこのままずっと続くのだろう。士農工商も変わらない。侍がずっと威張っていて、貧乏なやつはどんなに頑張っても仕方がない」という、黒澤明監督の映画『どん底』みたいな閉塞感が、今以上にあったと思うんです。『鋳掛松』という講談に、橋の下ではお大尽《だいじん》が船遊びに興じているのに、橋の上では貧乏な親子連れが「食べる物が買えない」と泣いている場面があります。それを見た主人公の職人が「俺もこのまま堅気の商売をやっていては浮かび上がれない。下（遊山船）に行くにはどうすればいいんだ。裏の道を行くしかないか」と悩んだ末に、泥棒になる決心をするのですが、それを聴いたお客さんも共感して、「泥棒になっていいいよ。しょうがないじゃないか」という空気になる。お客さんが、世間的には認めることができない泥棒に感情移入してしまうんです。

そういう江戸の閉塞感を描くのも講談の技術として「あり」なのかなと思います。今の東京の感覚じゃなく、江戸にタイムスリップさせられるという感じがあり、そういう点は、落語よりも講談のほうが強いと思います。ただ、『畔倉重四郎《あぜくらじゅうしろう》』（六三ページ）などの殺人鬼ネタが好まれるのは、現実がそうじゃないからだと思います。世の中が荒れていたら、『畔倉』なんか聴きたくないですよ。反面、大地震や大災害があったら、今度は明るい話がほしくなるのだと思います。

「義士」と「お化け」

――「冬は義士　夏はお化けで飯を食い」という講釈師を読んだ川柳がありますが、これは松之丞さんの大師匠・二代目山陽先生（二〇二ページ）の句だそうです。「冬は『赤穂義士伝』、夏は怪談を読む」というのが講釈師のよりどころのようになっていますが、松之丞さん自身はどう考えますか？

松之丞　義士に関しては、現代では、忠義というものがピンとこないという問題があります。愛山先生が「『義士伝』は別れがテーマだ」と言ったということを、僕は高座でよく話すのですが、そう言われてみると見方が変わってきます。

――忠義というより、説教臭が敬遠されるのかもしれません。

松之丞　たしかにそれはありますね。江戸時代から昭和の後半ぐらいまでの『義士伝』といえばみんな知ってるという共通認識があった時代とは今は違いますから、やり方も変えなければならないんです。ただ、討ち入りがあった十二月十四日とか、松の廊下の刃傷事件があった三月十四日とか、そういう日に高座にかけると、今でもプレミアム感はありますね。

――「夏のお化け」については？

松之丞　うちの師匠の末広亭の高座を観ると、怪談をやるときに、客席の照明が暗くなった時点でもう非日常なんですよ。真っ暗になるのが楽しいんですよ。お客さんは「松鯉を見た」とか『小幡小平次』（一一五ページ）を聴いた、ではなく、「怪談を観に行った」ということでもう満足しますよね。『義士伝』もそうです。内容というより、「それを観に行った」というイベントです。

ただ怪談の筋自体は、僕はあんまり面白いと思いません。やっぱり人間が一番安心できるのは家ですよね。怪談では、その一番安心しているところに幽霊が出ておどかす。基本的にはそのパターンが多くて、筋は大したことないと思うのですが、風物詩、季節のイベントとしては、ありかなと思います。

——もともと講談の怪談物は、士農工商がきっちりしている社会で、威張っている侍に復讐するという、世人の鬱憤晴らしなんですよね。

松之丞　そう、そのカタルシスのためにやってきたのでしょう。

連続物をいかにやるか

——松之丞さんも、いずれは松鯉先生のように寄席で十日間怪談を読むということはありそうですか？

松之丞　いつかはやりたいと思っています。うちの師匠は十日興行で五席ネタ出しして、一席を二日間ずつやるのですが、僕は毎日ネタを変えて十席やりたい。寄席の怪談では、幽太（幽霊）を出す演出もありますが、それは迷いますね。ただ、お客さんの反応を見ていると、幽太を出した方が盛り上がるようですね。それに、寄席の二十五分の持ち時間では、フリがあってオチがあってというふうに、きちんとやるのは難しい。それならば、お客さんも楽しんでいるわけだし、幽霊の力を借りるのも手かなと思います。

——『義士伝』は本伝、銘々伝、外伝などを合わせると膨大な数がありますが、どの程度覚えようと思っていますか？

松之丞　うちの師匠は五百席持っているのですが、ネタ数は三百席くらいでいいのではないかと思います。というのは、そんなに覚えるのは私は無理だし、埋もれていたネタにハタキをかけて、ネタ数を増やす記憶力もない。それよりも一席一席に磨きをかけた方がいいのだと思います。だから『義士伝』も、「お前がやれ」と師匠に言われたら、本伝を全部覚えますが、今の世の中にそれだけのニーズがあるとは思えないんです。それなら「徳川天一坊」の二十席の方がまとまっているし、美しいと思います。

——松鯉一門の特徴である連続物に関しては、本来は定席で十日連続とか十五日連続でやるべきですが、今は物理的に無理なので、松之丞さんのように連続独演会などで仕掛けるわけですね。

松之丞　僕が考えているのは、渋谷のPARCO劇場でやっていた「志の輔らくご」みたいに、ひと月かけて、たとえば『天保六花撰《てんぽうろっかせん》』＊1を通しでやってみたい。「志の輔らくご」ならぬ「松之丞こうだん」です。

——連続物に関しては、落語よりは講談の方がはるかに魅力的です。毎日違う話を聴けるのは、落語では圓朝物ぐらいしかありません。

松之丞　「畔倉重四郎」を連続でやったときは、お客さんは、まるで自分に掟を定めるかのように会社を早退して来てくれたりして、ありがたかったです。僕も負担がかかりますが、お客さんにも同じように負担がかかるという一体感みたいなものがありました。

――講談は人間関係が複雑なので、ある程度の解説を入れて、ストーリーの理解をお客さんに深めてもらう必要もありますね。

松之丞　でも、ただダイジェストにしてもつまらないんですよね。だから連続物は連続そのままに、つまり二十席あるなら二十席をそのままやるのがいいのだと思います。

今、自分がネタとして持っている連続物の中では、『畔倉重四郎』も『徳川天一坊』（七五ページ）も『慶安太平記』（四六ページ）も『寛永宮本武蔵伝』（三九ページ）も、お客さんに広い範囲で受け入れられると思います。どれも一話一話が独立しているというか、オムニバスで、大きな物語として続いていくからいいんですよ。『畔倉重四郎』には「次はどうなる」というワクワク感がある。『徳川天一坊』は、やってみると意外にわかりやすくて面白い。

＊1　天保六花撰　御数寄屋坊主（殿中の茶礼・茶器を扱う職名）の河内山宗俊を筆頭に、御家人崩れの片岡直次郎、大泥棒の森田屋清蔵ら六名の登場人物が織りなす物語。二代目松林伯圓の創作講談。

より深く講談の世界へアシストする

——以前より、「(入門したとき)講談は宝の山だった」とおっしゃっていますね。

松之丞 まず、講談はネタが面白い。普通に演者がやれば、台本通りでも面白いんです。僕がまだ客席にいたとき、僕らより上の世代の講談師は、味はあるけれど、新しいお客さんを前にしてそこまで工夫もないように感じました。筋は面白いのに、演出がよくないという感じで。原石は台本に詰まっているのに、ありとあらゆる演出がよくないというイメージです。

——歴史小説が好きとか、チャンバラ映画のファンとか、そういう時代物への素地はあったんですか。

松之丞 全然ないです。テレビでドラマの『鬼平犯科帳』をときどき観るぐらいのレベルです。それでも講談には膨大な数の読み物があり、しかも世間がそれに気づいていないということも含めて、「これはすごい宝の山だ」と思ったんです。

——「全部読んじゃうぞ」と?

松之丞 自分がそれをできるかどうかは別問題です。ただ、マクラも本篇も面白くて、現代的で、囃されたら謙遜せず、それに乗って踊る、それでお客さんを先導する。そんな人間が講談界に現れたらどうなるだろうと。僕はそこをなぞってやってきましたが、そんなに間違ってはいないと思います。これで、次の世代がどんどん講談界に来てくれたら大成功だと思いますね。

――今、松之丞さんを観て「面白い」と思うお客さんが、そのうちに「講談が面白い」と気づく。それで「講談をもっと聴きたい」と思ったとき、次はどこで何を聴けばいいのでしょうか。

松之丞　僕はお客さんを誘導しているんです。たとえば、マクラで愛山先生のエピソードを話すと、「愛山先生ってどういう人？」と観に行く人が出てくる。それで面白いと思ったら、今度は独演会にも行きますよね。そういう導線を引いているんです。「愛山先生は、芸は一流ですが、御本人もおっしゃるようにちょっと変わっている」といったように、良くも悪くも僕のフィルターを通して語ると、キャラクターが立ってくる。演者に興味が湧けば、講談もすごく聴きやすくなるのではないかと思います。

――お客さんの頭の中に、今までよく知らなかった講談師のキャラクターが確立してきて、その上で聴くという形を取る。効果的なアシストですね。

新作について

――新作の話もうかがいましょう。今現在、新作はやっていないようですが。

松之丞　もうやろうとはしないですね。結局、僕が求められているのは古典なんですよ。「古典をきっちり、それでいて面白おかしくやってくれ。あとは連続物をできるだけ覚えてくれ」というニーズです。

僕が幸運なのは、自分の能力とやりたいこととニーズが一致しているということです。ですから新作についても、「こういうのも講談でやっていいんだよ、新作って自由なんだよ」っていうのを示すために今までやってきて、それが二ツ目前期ぐらいはすごく重宝していたのですが、「もういいかな」と。

――講談は山ほどネタがあるんだから、新作をやる前に、古典を掘り起こせという声も聞こえてきます。

松之丞　僕ら若手はまず、「この人面白い！」って思わせなきゃいけない。そういうときに、まだ古典も拙《つたな》いわけだから、新作の方がエッジが効いててウケるんです。独演会でも、四席やるなら短い新作が一席入っていると、聴いてる方も楽なんですよ。

また、「こいつ、そういうことが面白いと思っているんだ」というのをお客さんに伝えるには、実はオリジナルのほうがやりやすいんです。それが今は、古典を脚色して、自分が面白いと思っているものを入れるという段階に移ってきた。だからやっている方向は間違ってはないかなとは思っています。

——新作でやりたかったことが、古典でもできるようになったということですね。

松之丞 そうかもしれません。そうやって、時代時代によって、ニーズとやることと能力のチューニングを変えていかなければいけないと思いますね。

——講談の演目は一生かかっても聴ききれないほどの数があると思いますが、現在埋もれているネタの中にも、少しホコリを払ったら面白いものが出てくるんじゃないかという気がします。

松之丞 そうなんです。自分のCDに入れた『荒川十太夫《あらかわじゆうだゆう》』なんて、僕の技術はともかく内容が素晴らしいという反応が大きかった。「こんなストーリーがあったんだ!」と。

これは、『赤穂義士伝』に出てくる堀部安兵衛が登場する話ですが、以前、『安兵衛駆け付け』『安兵衛婿入り』『荒川十太夫』と、安兵衛を一日で追った会をやったとき、お客さんが感情移入してくれた。こういうアプローチも求められていたんだなと思いました。ひとつの会で一人の人間を掘り下げるということをやっている人は少なかったのかもしれません。

——講談で取り上げられる歴史上の人物や事件は、実感として、今どれだけ通じるのでしょう。

松之丞　まず『忠臣蔵』を知らないお客さんもけっこう増えてきた印象があります。

しかし意外なこともあって、以前、女子高で講談をやったのですが、滑稽なネタではなくて、「『正宗の婿選び』（一六九ページ）をそのままやってください」って言われたんです。まず、女子校で「婿を選ぶ」ネタというのがキャッチーだという。そんな感覚は僕にはありませんでした。そのうえ、今は『刀剣乱舞』というゲームやアニメが流行っているので、「刀と婿選び」のコンビは強力なんだそうです。それは、僕の講談教科書にはない発想でした。

未来へのシミュレーション

――松之丞さんが真打になったら、弟子志願者がたくさん来ますよ。

松之丞　来るでしょうね。ただ、育て方は難しいと思います。芸協の寄席に出られればいいですが、そうでなければ自分の独演会に年中一緒に来させることになるから、当然、毎日のように講談を読ませることになる。でも、それでいいかというと、僕はそうは思いません。何か気持ちがゆるくなるし、自分で仕事を取ろうと思わなくなる。

――「松之丞独演会」で常に満員のお客さんの前で高座をやることになりますね。

松之丞　その弟子が超優秀なやつだったらそれでいいかもしれませんが、基本的に僕のところに入ってくるのはダメなやつでしょう、たぶん。

――それはわからないですよ（笑）。でも弟子が来たら取りますよね。

松之丞　取らざるを得ないでしょうね。来るもの拒まずでどんどん取るか、少数精鋭にするかはわかりません。でも、たぶんすぐ破門にすると思いますね。自分が前座の頃ダメダメだったので、前座仕事ができないからと切ることはないけど、講談愛がなかったら切るかもしれません。

――男性女性は問いませんか。

松之丞　講談に女流も男流も、僕はあまり関係ないと思っています。やる気があればいいんです。ちゃんとしたやる気が。

――松之丞さんは前座時代、すでに「二つ目になったらどうする」とシミュレーションをしていたそうですね。ということは、当然、真打昇進以降のことも考えていますか。

松之丞　うーん、シミュレーションしきれない部分もあるんですよ。具体的に「〇年後に真打だよ」って言われたらできますが、実際、「三年後」と「五年後」の昇進では全然違いますよね。

――松之丞さんの場合、いきなり昇進話が持ち上がる可能性もあります。

松之丞　だから難しいんですね。たとえば何か名跡を継ぐにしても、三年後だったら松之丞のままの方がいいと思うんです。でも五年後だったら、「神田伯山」「神田伯龍」など、一気に大きな名前を継げたらいいですよね。

――伯山、伯龍は大きな名前ですね。

松之丞　「伯」の字が欲しいんです。今、神田派には「伯」の字を名乗る講談師がいない。だから僕に弟子ができて、そいつが真打になったら、伯の字をつけてあげたいんですよ。

――松之丞さんはCDやDVDなどを積極的に出していますが、「若いうちは音源なんか残さない」という考えの方もいます。

松之丞　僕は未完成なものも楽しいと思っています。結局、今僕らを応援してくださる方々も、完成品ではなく、日々成長していくプロセスを見ているのだと思うんです。たとえば、談志師匠の若い頃の音と晩年の音って全然違いますよね。いつか、そういう楽しみ方もしてもらえたらうれしい。未熟な音を出すのは恥ずかしいですが、この際、いっぱい恥をかこうと思っています。二ツ目なんて良質の恥をかく時期ですから、そこで縮こまってもしょうがない。定期的に、節目節目で出していければいいですね。

松之丞の夢の寄席

――講談は、長い間低迷期がありましたが、その理由について、どのように考えられますか。

松之丞　それは単純で、みんないろいろな理屈をつけますが、率直につまらないからじゃないですか。

――それは、たとえば聴き手側が講談の登場人物、歴史上の人物や出来事についての知識がないからということもありますか。

松之丞　もちろん、お客さんの側で講談を聴く準備ができていないこともあります。同時に、講談師自身もただ常連に向けてやっているだけで、新規のお客さまに聴かせるという工夫や配慮がなかったんだと思います。

だから、講談の会に新しいお客さんが来ても、中に入っていけないような空気感があった。講談師はかたくなに昔の本を読んでる。それで大正時代からずっと低迷してきて、じゃあ講談師は何か改善したのかというと、何もしていない人のほうが多いんですよ。「いつか講談の時代が来る」と言っていただけのように思います。

まずニーズがないし、インフラが整っていないし、お客さんの準備もできていないし、講談師も全然お客さんの方を向いていない。つまらなくなる要素がいっぱいあって、滅びる寸前のレベルまで行ってしまったのではないでしょうか。

――今は人数も増えたし、とりあえず低迷期は脱したとも思います。講談の現代史を書くとすれば、最大のターニングポイントは、「講談のホームグラウンド・本牧亭の消滅」だと思うんです。松之丞さんは本牧亭を知らない世代ではありますが、講談がホームグラウンドを持つということに対してはどう思いますか。

松之丞　ホームグラウンドは当然持つべきだと思います。それを作るのが、僕のライフワークです。でも、単なるノスタルジーではなく、ちゃんと今のニーズに合うような形を考えなければならない。

僕は寄席育ちなので、寄席の魅力は最大限にわかっているつもりです。では、講談の本拠地を作るにあたって、昔のような、講談師が次々出てきて三十分ずつやって、仕上げはトリが六十分といった番組でもつのかどうか。僕が新しく作るなら、落語芸術協会のバックアップを受けて、色物の芸人さんも入れたいなあと思っています。

――講談だけの「講釈場」ではなく、講談を核にした寄席ということですね。

松之丞　そうです。もちろん落語家さんにも出ていただきたい。新宿末広亭や浅草演芸ホールなどの寄席が生き残ったのは、いろいろな芸人がたくさん出ていたからで、どんなお客さんが来ても何かひとつは気に入ってもらえたからです。講談好きは「講談だけのストロングスタイルの寄席がいい」と主張するかもしれませんが、僕は講談師中心の寄席で、色物も交じるというのが、一番自然じゃないかと思います。

――そういう寄席なら、すごく欲しいですね！

松之丞　番組はメリハリつけて、持ち時間は一人十五分か二十分だけど、トリは当然、講談師が長講でやるとか。

――「本牧亭時代の前座は、毎日通ってくるから、前座仕事をしながらでも高座の音が耳に入ってくる。嫌でもいろんなネタを覚える。そういうことができない今の若手はかわいそうだ」と、貞水先生もおっしゃっていました。

松之丞　そういう意味でも講談の寄席があれば、講談師は講談だけではなく、落語も聴けますよね。「講釈師らしい講釈師」も貴重だけど、今はもっと柔軟に、どこに行っても対応できる人の方がいいのではと思います。昔、某先生が居酒屋で、「面白い講談やってください」って酔客に言われて、酒飲み相手にみっちり『三方ヶ原軍記』を読んだといいます。当時の人たちは「講釈師の矜持だ」と喝采したのかもしれませんが、僕はこのエピソードを聞いたとき、「芸人はお客さんを喜ばせてなんぼなんだから、そんなつまんない矜持はいらないのでは」と思ったんですよ。そこで『三方ヶ原』を聴いたお客さんが拍手喝采するならともかく、仲間内が喝采している。講談って滅びるジャンルだなと正直思いました。

――松之丞さんの寄席構想を、もっと具体的に聞かせてください。

松之丞　大きさは、上方の天満天神繁昌亭ぐらいがベストでしょう。ただそれを維持するには東京だけでも講談師が百五十人くらいいないとキツい。僕のプランとしては、四十年後に、今は分かれている講談協会と日本講談協会が合併する。そのタイミングで寄席を作り、香盤《こうばん》（入門した順の序列）も作り直せば、講談をアピールするための、いい花火になるんじゃないですか。そのとき、両協会にスターがいたら、より盛り上がるでしょう。

——四十年後ですか（笑）。

松之丞　そのときには、今の「成金」メンバーに力を貸してほしい。芸協の寄席がひとつ増えるような感じです。日本講談協会はもちろん、芸協にはここまで育てていただいたんだから、芸協のためになる形にもしたい。講談協会と日本講談協会が合併して主体になるんだけど、芸協メンバーの応援もあればというのが理想ですね。

（聞き手、構成・長井好弘）

おわりに

講談界は、お客様が入らない悩みを長年抱えてきましたが、ここにきて様相は変わってきました。日本講談協会の定席は、今は定員一〇〇名様のところ、おかげさまで満員御礼の日も少なくありません。常連のお客様と新規のお客様で、年齢層は老若男女。非常に理想的な比率と形です。

にもかかわらず、「インフラ」が整備されていませんでした。個人のCDやDVDはあれど、『落語事典』のような講談の読み物をまとめた本がないのです。

それではなぜ、講談の本が出版されないのか。それは今まで講談というジャンルに人気がなかったから、動けなかったのです。お客様が講談に興味を持ったとしても、新刊のガイドブックがなかなか出せない状況でした。間口が狭く、奥行が果てしなくあるのが、現在の講談界で、新刊で講談の読み物を把握できるものを世に出すことが急務と私は捉えました。

本書は、多くの人の講談の入口になって欲しいと願うものです。奥行が深い講談という芸能の、狭い間口を改築して広げるような物になればいいと思っております。

幕末から明治にかけて隆盛し、大正には時代遅れと言われていた講談。最盛期には二〇〇軒以上あったとされる講釈場は、現在は一軒もありません。江戸だけで講釈師は当時八〇〇人いて、あらゆる名人上手がしのぎをけずっていたそうです。その全盛と比べれば、今の人気はまだまだで、大勢の人が講談をよく知りません。

ただそれは縁がなく、たまたま知らないだけで。聴いてくだされば、こんなに面白い読み物があり、多くの個性豊かな演者がいるのがわかっていただけると思います。

いつか、講談といえば当たり前のようにみんなが知っていて、大勢の人の娯楽として楽しんでいただける日がくることを願っています。そのためにこの本が一人でも多くの講談好きを増やし、講談復活の第一歩の助力になればと、切に願います。

それにつけても、文章をまとめてくださった長井好弘先生には感謝申し上げます。大変な力作です。

また、最初にこの本の話を持ってきていただいた、カメラマンの橘蓮二さんには素敵な写真を、河出書房新社の渡辺史絵さんにはあらゆる構成と校正を。他のスタッフさんたちにも、言えばキリがありません。そして演目解説の監修を引き受けてくださった師匠の神田松鯉と、本書に御登場いただいた一龍斎貞水先生に御礼申し上げます。でも、もう感謝の字数が足りなくなりました。

さぁ、おなじみのセリフです。

「ここからが講談界は面白いわけですが、続きはまた、いつの日か」

何よりこの本を読んでいただいたお客様、ありがとうございました。

二〇一八年夏

神田松之丞

参考文献

有竹修二『講談・伝統の話芸』朝日新聞社　一九七三年
安藤鶴夫『巷談本牧亭』河出文庫　二〇〇八年
石井英子『本牧亭の灯は消えず』駸々堂出版　一九九一年
一龍斎貞鳳『講談師ただいま24人』朝日新聞社　一九六八年
神田松之丞『絶滅危惧職、講談師を生きる』（聞き手・杉江松恋）新潮社　二〇一七年
菊池真一『講談資料集成』全三巻　和泉書院　二〇〇一～〇四年
木村毅・池田彌三郎・宝井馬琴・一龍斎貞鳳監修『定本講談名作全集』全八巻　講談社　一九七一年
関根默庵『講談落語今昔譚』（山本進校注）平凡社　一九九九年
宝井琴星監修／稲田和浩・小泉博明・宝井琴柑著『おやこで楽しむ講談入門』彩流社　二〇一八年
田邊南鶴編『講談研究』自費出版　一九六五年
藤田洋『おもしろ講談ばなし』ＮＨＫ出版　一九九二年
吉沢英明編著『講談作品事典』（上・中・下）自費出版　二〇〇八年
講談社編『講談名作文庫』全三十巻　講談社　一九七六年

神田松之丞（かんだ・まつのじょう）

一九八三年生まれ。講談師。二〇〇七年、三代目神田松鯉に入門。二〇一二年六月、二つ目昇進。二〇二〇年真打昇進と同時に六代目神田伯山襲名。持ちネタの数は十二年で一五〇を超え、独演会のチケットは即日完売。今、最も勢いのある芸人のひとりである。著書に『絶滅危惧職、講談師を生きる』（聞き手・杉江松恋）、CDに『松之丞講談――シブラク名演集』『松之丞ひとり～名演集』など、DVDに『新世紀講談大全　神田松之丞』がある。

編・文　長井好弘

一九五五年生まれ。読売新聞編集委員。著書に『寄席おもしろ帖』『新宿末広亭のネタ帳』『落語と川柳』など、編著に『落語家魂！――爆笑派・柳家権太楼の了見』などがある。

写真　橘蓮二

一九六一年生まれ。九五年より演芸写真家として活動。著書に『本日の高座演芸写真家が見つめる現在と未来』『夢になるといけねぇ』などがある。

神田《かんだ》松《まつ》之《の》丞《じょう》

講談《こうだん》入門《にゅうもん》

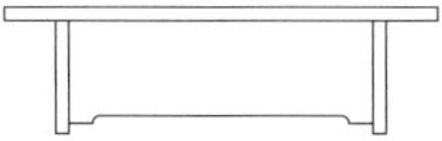

2018年 7 月30日　初版発行
2020年 3 月30日　 9 刷発行

著者　神田松之丞
装丁・本文デザイン　岡本洋平＋坂本弓華（岡本デザイン室）
発行者　小野寺優
発行所　株式会社河出書房新社
〒151-0051
東京都渋谷区千駄ヶ谷 2-32-2
電話 03-3404-1201（営業）
03-3404-8611（編集）
http://www.kawade.co.jp/
印刷　精文堂印刷株式会社
製本　小泉製本株式会社

Printed in Japan
ISBN978-4-309-27958-9